열흘의 혁명

다시 돌아보는 '부마항쟁' 이야기

열흘의 혁명

다시 돌아보는 '부마항쟁' 이야기

초판 1쇄 인쇄일 2026년 3월 3일
초판 1쇄 발행일 2026년 3월 12일

지은이 정광민
펴낸이 양옥매
디자인 표지혜 송다희
교　정 정혜성
마케팅 송용호

펴낸곳 도서출판 책과나무
출판등록 제2012-000376
주소 서울특별시 마포구 방울내로 79 이노빌딩 302호
대표전화 02.372.1537　팩스 02.372.1538
이메일 booknamu2007@naver.com
홈페이지 www.booknamu.com
ISBN 979-11-6752-773-8 (03910)

열흘의 혁명

다시 돌아보는 '부마항쟁' 이야기

정광민 지음

‘열흘 혁명.’ 2016년 최상천 교수가 처음 쓴 이 말은 부마항쟁의 역사적 의미를 압축적으로 보여 준다. 1979년 10월 16일 부산에서 타오른 불꽃은 불과 열흘 만에 18년간 이어지던 박정희 정권을 종식시키는 도화선이 되었다.

하지만 그것은 완결된 혁명이 아니었다. 박정희는 사라졌지만, 제도로서의 유신은 여전히 살아남아 신군부라는 새로운 괴물을 낳았다. 그리고 그 비극적인 귀결이 바로 5·18 광주였다. 반유신 투쟁은 끝나지 않았다. 대통령 직선제를 쟁취한 1987년 6월항쟁을 통해서야 형식적으로나마 완성됐을 뿐이다.

그렇게 지난 줄 알았던 역사는 2024년 12월 3일, 윤석열 전 대통령의 비상계엄 선포라는 역사의 퇴행으로 우리 앞에 다시 나타났다. 그 일주일 후 부마항쟁의 진원지였던 부산대학교 학생들이 ‘제2의 부마항쟁’을 선언하며 가장 먼저 저항의 목소리를 높였다. 부마항쟁은 과거에 멈춘 역사가 아니라, 현재진

행형의 정신이다.

이 책을 쓰며 나는 '청년혁명론'을 생각했다. 대한민국의 현대사, 그중에서도 민주화의 역사는 곧 '청년혁명'의 역사였다. 그 위대한 정신적 뿌리는 이승만 독재를 무너뜨린 4·19혁명에서 찾을 수 있다. 그러나 이 책에서 내가 이야기하고자 하는 것은, 박정희라는 거대한 이름으로 상징되는 권위주의 독재, 유신 독재 시대를 끝낸 청년들의 투쟁이다.

부마항쟁 연행자의 연령별 구성을 보면 20대가 주축이고, 10대가 그 뒤를 잇는다. 이는 부산뿐만 아니라 마산, 그리고 이듬해 광주에서도 똑같이 나타나는 공통점이다. 그런 의미에서 나는 박정희 시대를 기준으로, 부마항쟁을 '제1의 청년혁명', 5·18 광주항쟁을 '제2의 청년혁명', 그리고 6월항쟁을 '제3의 청년혁명'이라 부르고자 한다.

역사의 변곡점마다 불의에 저항하며 새로운 시대를 열었던 것은 언제나 청년들이었다. 그 위대한 유업(遺業)의 증거가 바로 부산이다. 부마항쟁을 이끌었던 '부마 세대'는 이후 부산 청년운동의 구심점이 되었고, 바로 이들이 인권변호사 노무현이라는 불출세의 스타를 발굴하여 문재인과 함께 시민운동의 중심으로 이끌었다. 부산에서 두 명의 진보 대통령이 탄생한 것은 결코 우연이 아니다.

앞으로도 청년혁명은 계속될 것이다. 이 책이 그 길고 긴

투쟁의 여정을 비추는 작은 불빛이 되기를 바란다. 이 책을 쓰면서 많은 분의 도움을 받았다. 그리스 고전 연구가이신 최자영 선생은 제목과 목차의 구성에 대해 조언을 해 주셨다. 일일이 이름을 밝히지는 못하지만, 시월의 거리에서 함께 외쳤던 벗들 역시 크고 작은 도움을 주었다. 모두에게 감사 인사를 올린다.

2026년 새해
열흘 혁명이 시작된 부산 금정에서
정광민

부산에 탱크가 들어왔다고?

1979년 10월 18일, 부산의 아침은 이전과 달랐다. 며칠간 도시를 뒤덮었던 최루탄 냄새와 뜨거운 함성이 거짓말처럼 사라진 자리, 그 정적을 깨고 들려온 것은 아스팔트를 짓이기며 철커덩거리는 육중한 쇳소리였다. 학교에 가기 위해, 가게 문을 열기 위해, 평범한 아침을 시작하려던 부산 시민들은 자신의 눈을 의심해야 했다.

"저기……, 저기 머꼬?"

시내 한복판, 남포동 거리와 시청 앞에 나타난 것은 다름 아닌 탱크와 장갑차였다. 검은 베레모에 얼룩무늬 군복을 입고 총을 든 군인들, 그것도 전쟁터에나 있을 법한 공수부대원들이 시민들을 차갑게 노려보고 있었다. 마치 외계인이 침공한 것처럼, 도시는 낯설고 공포스러운 풍경으로 변해 있었다. 도대체 무슨 일이 있었던 걸까? 대한민국 제2의 도시 부산에, 왜 군대의 탱크가 들어와야만 했을까? 이 거대한 쇳덩이는 무엇을 짓밟기 위해 나타난 것이었을까?

시간을 불과 이틀 전으로 되돌려 보자. 10월 16일, 부산대학교의 한 작은 강의실에서 시작된 불씨는 순식간에 도시 전체를 뒤덮는 거대한 불길이 되었다. 유신 독재의 폭압에 신음하던 학생과 시민들은 더는 참지 않고 거리로 쏟아져 나왔다. "유신 철폐!", "독재 타도!"를 외치는 그들의 함성은 억눌렸던 시대의 분노였고, 빼앗긴 민주주의를 되찾으려는 처절한 외침이었다.

정권의 심장부를 겨눈 부산 시민들의 저항은 너무나 거세고 폭발적이었다. 당황한 박정희 정권은 경찰력만으로는 이 불길을 잡을 수 없다고 판단했고, 결국 국민을 지켜야 할 군대의 총구를 국민에게 돌리는 비상계엄을 선포한 것이다.

이 책은 바로 그 탱크가 부산에 들어와야만 했던 이유, 교과서에는 자세히 나오지 않는 그 뜨거웠던 열흘간의 진짜 이야기를 찾아 떠나는 여정이다. 우리는 함께 역사 탐정이 되어, 항쟁의 첫걸음을 뗀 학생들의 발자취를 따라 걷고, 이름도 없이 거리로 나섰던 평범한 사람들의 목소리에 귀 기울일 것이다. 때로는 잘못 알려진 역사의 조각을 바로 맞추고, 거짓된 기록 뒤에 숨겨진 진실을 추적하는 힘든 작업도 거쳐야 한다. 이것은 단순한 민주화운동사가 아니라, 평범한 사람들이 어떻게 독재의 심장을 멈추게 했는지에 대한 한 편의 논픽션 스릴러다.

자, 이제 준비되었는가? 우리의 첫 번째 여정은 모든 것이
폭발하기 직전, 암흑 속에서도 꺼지지 않았던 저항의 불씨를
찾아 1979년의 그늘진 도시, 부산의 거리로 들어간다.

차례

모든 사람이 잊어버렸을 즈음

강은 거대한 몸을 일으켜 용솟음친다

―김형로

1부

불
씨

유신의 심장, 그늘진 도시

1. 암흑의 시대, 1979년

1979년, 유신 독재 7년 차의 대한민국은 두 개의 얼굴을 가진 나라였다. 텔레비전과 신문 속 대한민국은 '한강의 기적'을 이룩하며 눈부신 경제 성장을 구가하는 역동적인 국가였다. 수출액은 연일 최고치를 경신했고, 회색빛 공장 굴뚝에서는 번영의 연기가 쉴 새 없이 피어올랐다. 거리에는 '하면 된다'는 구호가 넘쳤고, 사람들은 더 나은 내일을 꿈꾸며 허리띠를 졸라맸다. 학교, 관공서, 심지어 동네 이발소까지, 어디에나 박정희 대통령의 근엄한 사진이 걸려 있었다. 그는 조국 근대화를 이끄는 강력한 지도자이자, 반공의 최전선을 지키는 수호자였다.

하지만 그 화려한 번영의 이면에는 깊고 어두운 그늘이 드리워져 있었다. 그 그늘의 이름은 '유신(維新)'이었다. 1972년 10월 17일, 박정희 대통령이 비상계엄을 선포하고 국회를 해산하며 만든 유신헌법은 사실상 그에게 종신 집권의 길을 열어 준 독재의 족쇄였다. 대통령은 국회의원의 3분의 1을 사실상 임명할 수 있었고(유신정우회), 법관의 임명권을 가졌으며, 헌법 위에 군림하는 '긴급조치'를 통해 국민의 모든 자유를 억압할 수 있었다.

긴급조치 시대의 공기는 무겁고 차가웠다. 대통령이나 정부 정책을 비판하는 것은 그 자체로 범죄가 되었다. 막걸릿집에서 술김에 내뱉은 불평 한마디에 중앙정보부나 경찰서 지하실로 끌려가는 것은 흉흉한 소문이 아닌, 엄연한 현실이었다. 대학교수는 정부에 비판적인 발언을 했다는 이유로 강단에서 쫓겨났고, 학생들은 유인물 몇 장을 돌렸다는 죄목으로 징역을 살아야 했다. '국론분열'이라는 네 글자는 모든 비판의 목소리에 씌워진 재갈이었다. 사람들은 서로를 믿지 못했고, 혹시라도 옆 사람이 '프락치'일지 모른다는 생각에 입을 닫았다. 소리 내어 웃으면서도, 마음 한구석에는 언제 닥칠지 모를 위협에 대한 불안감을 감추고 살아야 했다.

이 암흑의 시대를 떠받치는 두 기둥은 중앙정보부(중정)와 경찰이었다. 그들의 눈과 귀는 어디에나 있었다. 대학 캠퍼스, 공장, 교회, 심지어 동네 다방까지 그들의 정보원이 미치지 않는 곳은 없었다. 그들은 보이지 않는 거미줄처럼 사회 전체를 촘촘히 얽어매고, 체제에 반하는 작은 움직임이라도 포착되면 가차 없이 짓밟았다. 언론은 정권의 나팔수로 전락한 지 오래였다. 신문과 방송은 매일같이 대통령의 동정을 1면에 싣고, 정부의 성과를 찬양했으며, 북한 공산 집단의 위협을 과장하며 국민들의 안보 불안을 부추겼다. 진실은 철저히 통제되었고, 국민들은 정권이 보여 주고 싶은 것만 보고, 듣고 싶은 것만 들어야 했다.

하지만 겉보기에 철옹성 같던 유신체제에도 서서히 균열의 조짐이 나타나고 있었다. 기적이라 불리던 경제가 휘청이기 시작한 것이다. 1979년 불어닥친 제2차 석유파동은 한국 경제에 직격탄을 날렸다. 물가는 천정부지로 치솟았고, 특히 부산과 마산처럼 수출 공업단지가 밀집한 도시의 경기는 급격히 얼어붙었다. 여기에 더해 정부가 도입한 부가가치세는 영세 상인들과 서민들의 삶을 더욱 팍팍하게 만들었다. '잘 살아 보세'라는 구호 아래 모든 것을 참아 왔던 사람들에게, 경제적 고통은 더 이상 견디기 힘든 임계점으로 다가가고 있었다. 정치적 억압과 경제적 위기라는 두 개의 저기압이 만나, 거대한 태풍을 잉태하고 있었던 것이다.

이 불안한 공기에 가장 민감하게 반응한 곳은 대학 캠퍼스였다. 학생들은 총학생회 대신 정부가 만든 학도호국단 아래에서 통제받았고, 교련복을 입고 군사 훈련을 받아야 했다. 자유로운 토론과 비판 정신은 질식당한 지 오래였다. 그러나 억압이 강해질수록 저항의 열망 또한 조용히, 하지만 끈질기게 타올랐다. 도서관 구석에서 몰래 돌려보던 금서들, 소모임에서 나누던 은밀한 대화들, 그리고 때로는 강의실 벽에 나붙는 익명의 대자보를 통해 학생들은 꺼지지 않은 저항의 불씨를 이어 가고 있었다. 이 숨 막히는 시대의 공기는 한 젊은 만평가의 펜 끝에서도 날카롭게 포착되고 있었다.

2. 행동하는 지성: 「떠리미 君」에 담긴 시대의 물음

부마항쟁 발발 불과 보름 전인 1979년 10월 1일, 부산대 사범대학 미술교육과 3학년 고서경[1]의 만평 「떠리미 君」은 당시 지식인과 학생들이 마주했던 시대적 고민을 정확하게 꿰뚫고

[1] 마산고 출신의 고서경은 부산대학교 캠퍼스에서 단연 돋보이는 인물이었다. 그는 날카로운 풍자로 인기를 끈 '학생 만평가'였을 뿐만 아니라, 부대신문에 「해파리떼」라는 제목의 단편소설을 연재할 만큼 깊은 인문학적 소양을 지닌 문학도였다. 100kg이 넘는 거구의 소유자였던 그의 자유분방함은 그의 행동으로도 드러났다. 현재의 인문관인 구 본관 앞에서 학생들을 모으기 위해 직접 권투 시합을 주최한 일화는 유명하다. 그의 낭만과 철학적 위트가 집약된 곳은 부산대 구정문 앞의 '최후의 포장마차'였다. 『짜라투스투라는 이렇게 취하였다』라는, 니체의 책을 패러디한 부제(副題)는 그의 재치를 단적으로 보여 준다. 이곳은 수많은 청춘의 아지트가 되어 많은 일화를 남겼다. 이처럼 다재다능하며 캠퍼스의 낭만을 상징했던 고서경은, 안타깝게도 대학 졸업 후 스스로 생을 마감하며 부산대의 전설로 남게 되었다.

있었다. 이 만평은 단순한 유머를 넘어, "참된 지성은 무엇인가?"라는 묵직한 질문을 던지며 '실천'의 중요성을 역설하는 시대의 선언문과도 같았다.

만평은 주인공 '떠리미'의 내적 갈등으로 시작한다. 1컷에서 그는 "일어날까? 말까?"를 고민한다. 이는 버스 좌석이라는 일상적 공간을 넘어, 유신 독재라는 억압적인 현실에 맞서 '봉기할 것인가, 침묵할 것인가'를 고뇌하는 당시 지식인의 모습을 상징한다. 2컷에서 그는 남이 먼저 행동하기만을 바라는 자신을 향해 "진정한 지성인이냐"며 자책한다. 이는 방관과 무력감에 빠져 있던 당시 대학 사회의 자기반성적 목소리를 대변한다.

고뇌는 결단으로 이어진다. 3컷에서 마침내 '떠리미'는 "참된 지성은 바로 실천 그 자체"라는 깨달음을 얻고 분연히 일어선다. 이는 생각에만 머무는 지식이 아닌, 불의에 저항하는 '행동'이야말로 지식인의 진정한 책무임을 강조하는, 만평의 핵심 메시지다.

4컷에서 '떠리미'의 거창한 결단의 결과는 버스에서 할머니에게 자리를 양보하는 소소한 행동으로 귀결된다. 이 희화화된 결말은 당시의 서슬 퍼런 검열을 피하기 위한 절묘한 장치다. 작가가 진짜 말하고자 한 '실천'은 단순한 자리 양보가 아니었다. 독자들은 '일어섬', '진정한 지성인', '실천'이라는 단어들을 통해, 작가가 유신 독재에 맞서 거리로 나서는 용기 있는 행동을 촉구하고 있음을 분명히 이해할 수 있다. 이 만평은 10·16 항쟁이 일어나기 불과 보름 전에, 실천의 중요성을 역설하며 시대의 격변을 예견한 매우 중요한 기록이다.

_ 출처: 부산대학교 디지털 아카이브

3. YH 여공들의 눈물

1979년 8월, 한강의 기적 이면에서 곪아 터진 상처가 마침내 모습을 드러냈다. 가발 수출업체 YH무역의 사장이 일방적으로 회사 폐업을 공고하고 미국으로 도피한 것이다. 하루아침에 직장을 잃은 187명의 어린 여성 노동자들은 갈 곳이 없었다. '산업의 역군'이라 불리며 밤낮없이 일한 대가는 절망뿐이었다.

그들은 마지막 희망을 안고 야당인 신민당 당사를 찾아갔다. 그들이 원한 것은 거창한 정치적 구호가 아니었다. 단지 일자리를 되찾고 싶다는, 살고 싶다는 소박한 외침이었다. 하지만 유신정권은 그들의 절규를 체제에 대한 도전으로 간주했다.

8월 11일 새벽, 1천여 명의 경찰이 신민당사에 난입했다. 작전명은 '101호 작전'이었다. 경찰은 잠들어 있던 여공들은 물론, 그들을 보호하던 야당 국회의원과 기자들까지 무차별적으로 폭행하며 끌어냈다. 아수라장이 된 현장에서, 스물한 살의 노동자 김경숙이 4층에서 추락해 싸늘한 주검으로 발견되었다. 경찰은 투신자살이라 발표했지만, 수많은 목격자는 경찰의 폭력적인 진압 과정에서 벌어진 비극이라고 증언했다.

김경숙의 죽음은 대한민국 사회에 엄청난 충격을 던졌다. 이는 단순히 한 노동자의 비극이 아니었다. 경제 성장의 화려한 신화 뒤에 가려졌던 노동자들의 참담한 현실과 국민의 생명마저 가볍게 여기는 유신정권의 폭력적인 본질이 적나라하게 드러난 사건이었다. "잘 살아 보세"라는 구호가 얼마나 허망한지를, 국가는 국민을 지켜 주지 않는다는 사실을 모두가 깨닫게 되었다. 이 분노는 들불처럼 번져 나갔다. 그리고 두 달 뒤, 부산대학교 학생이었던 필자가 작성한 '폐정개혁안' 제6조에는 이 분노가 선명하게 새겨졌다.

YH와 같은 반윤리적 기업 엄단

YH 여공들의 눈물은 결코 헛되지 않았다. 그것은 대학생들의 가슴에 불을 지폈고, 유신 독재의 심장을 겨누는 거대한 함성의 첫 번째 도화선이 되었다.[2]

---

2 김경숙 열사의 고향은 전남 광주였다. 당시 부산 사람들은 그 사실을 알지 못했지만, 역사는 결과적으로 부산이 '광주 출신 노동자'의 희생에 응답한 셈이 되었다. 이런 물음도 가능할 것 같다. 부산이 어려움에 처했을 때 광주는 어떻게 응답했을까? 이 질문은 『운동화와 똥가방』에서 볼 수 있듯, 합수 윤한봉이 깊이 고뇌했던 지점이기도 하다.

4. "소수 독재정권에 대한 지지를 철회하라"

YH 사건의 비극은 유신체제의 폭력성을 드러냈을 뿐 아니라, 야당 지도자 김영삼을 더 이상 물러설 수 없는 벼랑 끝으로 내몰았다. 신민당 총재였던 그는 당사에서 벌어진 경찰의 만행을 목격하며 대여 강경 투쟁을 결심했다. 그는 더 이상 의회 내에서의 온건한 비판만으로는 독재를 끝낼 수 없다고 판단했다. 1979년 9월, 그는 《뉴욕타임스》의 도쿄 특파원 헨리 스콧 스톡스와의 인터뷰에서 유신 정권의 심장부를 겨냥한 폭탄을 터뜨렸다. 인터뷰 기사는 박정희 정권이 가장 민감하게 여기는 한미 동맹의 근간을 흔드는, 도발적인 내용으로 가득했다.

미국은 국민으로부터 점점 더 소외되는 근본적인 독재정권과 민주주의를 열망하는 대다수 사이에서 명확한 선택을 해야 할 때가 왔다.

이는 단순한 정권 비판을 넘어, 박정희 정권의 정통성을 뒷받침하던 가장 큰 축인 '미국의 지지'를 철회하라는 요구였다. 반공 동맹이라는 명분 아래 인권 탄압을 묵인해 온 미국 정부를 향해, 민주주의와 독재자 중 하나를 선택하라고 압박한 것이다.

이 기사가 《뉴욕타임스》에 실리자, 청와대는 발칵 뒤집혔다. 박정희 대통령은 "국가원수를 모독하고 사대주의적 발상으로 외세에 의존하려 한다"며 격노했다. 공화당과 유정회는 즉각 김영삼 총재에 대한 징계안을 발의했다.

마침내 10월 4일, 대한민국 헌정사에 치욕으로 남을 사건이 벌어졌다. 여당 의원들은 날치기로 김영삼의 국회의원직 제명안을 통과시켰다. 국민이 직접 선출한 제1야당의 총수를, 행정부의 시녀로 전락한 의회가 강제로 축출한 것이다. 이는 민주주의의 마지막 보루였던 의회마저 스스로 파괴해 버린 폭거였다.

이 소식은 김영삼의 정치적 고향인 부산과 마산의 민심에 불을 질렀다. "우리 손으로 뽑은 대표를 누가 자르냐"는 분노가 들끓기 시작했다. 유신 독재의 칼날이 가장 아픈 곳을 찔렀을 때, 사람들은 더 이상 침묵할 수 없었다.

5. YH인가, YS인가: 무엇이 불을 지폈나?

많은 사람이 부마항쟁의 직접적 도화선으로 김영삼 총재 제명 사건을 꼽는다. 부산과 마산이 그의 정치적 기반이었기에 타당한 분석이다. 하지만 항쟁의 주역이었던 학생들의 생각은 조금 달랐을지 모른다. 역사학자 서중석은 학생들의 경우 김영삼 제명보다 YH 사건에 더 큰 분노와 자극을 받았다고 지적한다.[3] 그 근거는 항쟁 현장에서 울려 퍼진 학생들의 목소리, 즉 선언문에 있다.

실제로 10월 15일과 16일 부산대학교에 배포된 선언문들은 YH 사건의 비윤리성과 노동자들의 저임금 문제를 신랄하게 비판했다. 필자가 작성한 '폐정개혁안' 제6조는 "YH와 같은 반윤리적 기업 엄단"을 명시했다. 하지만 이 선언문들 어디에서도 '김영삼 제명'을 직접 거론한 구호는 나오지 않았다. 경남대 시위를 주도한 정인권 역시 "첫 번째 분노와 자극은 YH 사건"이었고, 김영삼 사건은 그다음이었다고 증언했다.

이는 항쟁의 동력이 단순한 정치적 사건(YS 제명)에 대한 반발을 넘어, 유신체제가 쌓아 올린 경제적 모순과 사회적 불평등에 대한 근본적인 분노에 있었음을 보여 준다. 학생들은 YS 제명이라는 정치 탄압과 YH 사건이라는 경제적 억압을 유신 독재라는 하나의 뿌리에서 나온 두 개의 독버섯으로 보았으며, 특히 근로 민중의 생존권 문제의 절박함에 더 크게 공감했던 것이다.

3　서중석, 『서중석의 현대사 이야기 15』, 오월의봄, 2020, 58~75쪽 참조.

10월 15일, 실패한 거사

10월의 거대한 함성이 터져 나오기 한 달 전인 9월 17일, 이미 부산의 다른 캠퍼스에서는 작지만 의미 있는 불꽃이 타오르고 있었다. 부산공업전문대학(현 부경대학교)에서 반유신 시위가 일어난 것이다.

9월 17일 기계과 2학년 신홍석은 점심시간을 이용해 본관 옆 대형 게시판의 슬래브 지붕 위에 올라 메가폰을 잡고 '박정희 대통령 하야'를 외치는 선언문을 낭독했다. 그러나 급히 달려 나온 체육과 교수와 남부경찰서 형사에게 체포되어 끌려가면서 시위는 이내 중단되고 말았다.[1]

이날 뿌려진 선언문은 특이하게도 "북한 동포들에게 김일성 독재 체제를 진복시킬 것을 촉구"하는 내용이 담겨 있있다.[2] 이 작은 불씨는 비록 크게 번지지는 못했지만, 부산 청년의 저항 정신이 살아 있음을 알리는 첫 신호탄이었다.

---

1   부산교도소, '기안용지', 1979.9.29.
2   위 자료 참조.

한 달 뒤인 10월 15일, 부산대학교에서 이진걸과 그의 동지들이 뿌린 '민주선언문'에서도 이 이념적 흐름은 이어진다. 그들은 유신헌법과 독재집권층의 퇴진이야말로 '승공(勝共)의 길'이라고 외쳤다. 이는 9·17 시위와 마찬가지로, 독재 타도야말로 진정한 승공이자 국가 안보를 지키는 길이라는 인식을 공유하고 있었음을 보여 준다.

우리는 총체적인 책임과 결과로서 현 독재집권층은 유신헌법을 철폐하고 물러날 것을 요구한다. 의회에서 야비한 수법과 민중의 참여를 배제하여 민주주의 기능을 마비시키고 민주 인사의 억압은 획일과 오류를 모욕적이고 추잡하게 강요하는 것일 뿐 아니라 독재적 야수성의 노정이라 단정치 않을 수 없다. 제도화된 폭력성과 조직적 악의 근원인 유신헌법과 독재집권층의 퇴진만이 오천만 겨레의 통일의 첫걸음이요, 승공의 길임을 확신한다.

이진걸은 부산대 내의 서클파크에서 고교 동문 서클 '동녘'의 후배인 차선근(기계공학과 2년), 성호흥(회계학과 2년), 정봉근(경제학과 2년), 성태용(어문 계열 1년), 이찬호(기계공학 계열 1년), 박상수(기계공학 계열 1년), 백태주(기계공학과 2년), 김유원(기계공학 계열 1년)을 만나 유인물을 각각

10매씩 나누어 주고 교내에 배포하게 했다. 이후 이진걸은 본관 2층과 3층 강의실, 본관 앞 잔디밭, 상학관 강의실, 상학관 앞 벤치, 문창회관의 식당과 휴게실, 운동장 스탠드 등에 유인물을 배포한 뒤 도서관으로 갔다.[3]

이진걸이 유인물을 뿌리는 데는 생각보다 시간이 많이 걸렸다. 그가 도서관에 도착했을 때는 10시 20분이었다.[4] 미리 알렸던 시위 시작 시간보다 20분이나 지체되었다. 도서관 앞에는 동고 후배도 언더서클 멤버들도 거의 보이지 않았다. 기대와 달리 도서관 주변은 조용하기만 했다. 이진걸과 남성철은 시위가 실패하였다고 판단하여 구(舊)정문 옆으로 난 쪽문을 통해 학교를 빠져나갔다.

15일, 부산대에서는 또 하나의 유인물이 있었다. 사회복지학과 2학년 신재식이 제작한 '민주투쟁선언문'이었다. 선언문은 학우들에게 "박정희와 유신과 긴급조치 등 불의의 날조와 악의 표본에 의연히 투쟁함으로써 역사 발전의 장도에 나설 것"을 촉구했다. 흥미로운 것은 "꺼지지 않는 자유의 횃불을 들고 자유민주주의의 노래를 외치면서" 독제에 맞서 싸우자고 하여, 스스로 이념적 지표를 자유민주주의라고 분명히 선

---

3   부마민주항쟁진상규명위원회, 『부마민주항쟁 진상조사보고서』, 2022, 144쪽.

4   부산대학교, 『10 · 16부마민주항쟁 부산대학교 증언집』, 2019, 587쪽.

언하고 있다는 점이다.

아무튼 신재식은 이진걸과 비슷한 시간에 유인물을 본관 강의실과 미리내 계곡의 서클 파크에 수백 장 뿌리고는 도서관으로 향했다. 10시가 지난 시간 도서관 앞에 도착한 신재식은 시위를 위해 학생들이 모여 있을 것으로 기대했다. 그러나 학생들은 보이지 않았고, 신재식 역시 시위가 실패했다고 판단하여 자리를 떴다. 부마항쟁사 연구자인 김선미 씨는 10월 15일 두 사건의 최종 귀결점을 보고 이렇게 평가했다.

이날의 시위가 몰고 올 역사적 전환에 비해 실천 주체의 역량이 미숙했던 탓일까, 박정희 정권의 18년 철옹성을 무너뜨리기에는 단 한 번의 결심으로는 부족했던 것일까. 여러 날 가슴 졸이며 갖추었던 만반의 준비에도 불구하고, 시위는 채 시작도 하지 못한 채 어처구니없이 무산되고 말았다.[5]

가장 안타깝게 생각한 이는 언더서클의 멤버였던 김영(=작가 김하기)이었다. 그는 이렇게 말했다.

그들은 연극 〈고도를 기다리며〉의 한 장면처럼 시위 주동자

---

5   김선미, "부마항쟁 참가자들의 민주화 열정", '부산역사문화대전'.

가 나타나기만을 기다렸다. 그러나 고도는 끝내 나타나지 않았다. 마음먹고 모여든 그들이었지만 정작 시위 주동자가 나타나지 않는 상황에서 서로의 얼굴만 쳐다볼 뿐 어쩔 줄을 몰랐다. "부산대는 안 되나 보다." 데모를 하기 위해 모였던 학생들도 12시가 되자 해산하기 시작하였다. 그때 발길을 돌리는 학생들의 가슴마다 분노와 안타까움이 가득 메워졌다.[6]

김영은 시위 주동자가 나타나기만을 기다렸다고 했다. 그러나 시위 주동자는 일찍 시위 장소를 떠났다. 시위가 실패했다고 판단 것이다. 이 부분이 미스터리였다. 좀 더 기다렸다면…….

일부에서는 이 시도를 두고 조직적인 운동권이 함께했다고 주장했지만, 그 허무한 결말은 오히려 소수 그룹의 단독 행동이었음을 보여 준다. 그럼에도 이날의 시도는 이 시기 부산대 학생들이 시국에 분노하며 들끓고 있다는 것을 보여 준 하나의 징표였다.

10월 15일의 하늘은 아쉬움과 패배감으로 지무는 듯했지만 그렇지 않았다. 이 실패는 아무도 예상치 못한 결과를 낳았다. 누군가는 이 허무한 결말을 지켜보며 "이대로 끝낼 수는

6   김하기, 『부마민주항쟁』, 민주화운동기념사업회, 2005.

없다"고, 조용히 결의를 다지고 있었다.

1979년 10월 16일,
수천 명 학생의 함성이 터져 나왔던 옛 운동장은
이제 '시월광장'이라는 이름으로 그날을 기억하고 있다.
광장 너머로 보이는 흰 건물, 옛 본관(현 인문관)은 그 모든 역사의 묵묵
한 증인이다. 시대를 흔들었던 그날의 외침이 지금도 귓가에 생생히 들
리는 듯하다.

D−1: 우암동 다락방의 잉크 냄새

10월 15일의 실패는 허무했다. 그날 오전, 부산대학교 교정은 잠시 뜨거워지는 듯했다. 이진걸과 그의 동지들이 뿌린 '민주선언문'은 학생들 사이에 아쉬움과 안타까움의 파문을 남겼지만, 거기까지였다. 캠퍼스는 이내 겉도는 침묵 속으로 가라앉았다.

바로 그때, 경제학과 2학년이었던 필자가 학교에 도착했다. 시위 실패 소식을 듣고선 가슴에 차가운 직감이 스쳤다. '다시는 이런 기회가 없을지도 모른다.' 이대로 무력감에 주저앉을 수는 없었다. 즉시 다음 날의 거사를 결심하고, 함께할 동지를 찾아 나섰다.

오후 2시, 도서관 부근 잔디밭에서 친구들과 이야기하던 경영학과 2학년 박준석을 발견했다. 박준석 역시 오전의 실패를 지켜보며 속을 태우던 참이었다. '분위기는 충분히 무르익었는데, 왜 아무도 나서지 않는가.' 필자가 다가가 시위 계획을 꺼내자, 박준석은 기다렸다는 듯 고개를 끄덕였다. 꺼져 가던 불씨 위로 새로운 불꽃이 타오르는 순간이었다.

두 사람은 구체적인 계획을 세우기 위해 가까운 구내매점 (지금의 '운죽정' 자리)으로 향했다. 가는 길에 경제학과 친구 황헌규도 우연히 합류했다. 하지만 논의는 시작부터 난관에 부딪혔다.

"내일 오전 10시, 시위를 한다!" (필자)

"경찰이 이렇게 많은데 가능하겠어?" (황헌규)

"유인물도 없이 어떻게 사람들을 모으지?" (박준석)

모두의 걱정이 쏟아지는 순간, 필자는 확고하게 말했다.

"내가 써 놓은 선언문 초안이 있다. 지금 이 분위기를 놓치면 안 된다. 내일 시위는 반드시 성공한다!"

필자의 단호한 결심에 모두의 마음이 움직였다. 바로 그 매점에서, 역사를 바꿀 구체적인 작전이 세워졌다. 필자는 자신의 수업이 있는 인문사회학관 306호에서, 박준석은 206호에서 각자 선언문을 배포하고 학생들을 모으기로 한 것이다. 거대한 항쟁은 이렇게, 실패의 아쉬움 속에서 피어난 두 청년의 용기 있는 만남과 결단에서 시작되었다.

계획은 세워졌지만, 가장 중요한 '무기'가 없었다. 바로 선언문을 인쇄할 도구들이었다. 이제부터는 시간과의 싸움이었다. 첫 번째 목표는 등사기였다. 처음 떠올린 인물은 수학과 3학년 김종세였다. 서클 회장을 지냈으니 틀림없이 등사기를 구해 줄 거라 믿었다. 하지만 오후 2시 30분, 그에게서 돌아온 대답은 뜻밖에도 'NO'였다. 필자는 크게 실망했다.

시간은 흐르고 마음은 타들어 갔다. 그때, 박준석의 머릿속에 경남고 동기이자 사범대 지리교육과 3학년이었던 전증욱이 스쳐 지나갔다. 오후 4시 30분, 다급한 전화 통화 끝에 두 사람은 정문 앞에서 전증욱을 만났고, 그의 집에서 마침내 등사기를 손에 넣을 수 있었다. 전증욱은 모든 것을 눈치챈 듯 "잘해 보라"며 잉크와 롤러까지 챙겨 주었다.

등사기를 구했지만, 아직 끝이 아니었다. 글씨를 반듯하게 쓰기 위한 줄판(가리방)이 필요했다. 곧바로 경제학과 동기 전도걸을 떠올렸다. 아버지가 초등학교 교사였으니, 집에 시험 출제용 줄판이 있을 거라 생각한 것이다.

두 사람은 곧장 전도걸의 집이 있는 연산동으로 향했다. 저녁 6시쯤 도착했을 때, 다행히 전도걸을 만날 수 있었다. 줄판을 빌려달라고 부탁하자, 그는 이유를 묻지 않고 선뜻 줄판을 가져왔다. 심지어 두 사람이 집을 나서자, "나도 같이 가겠다"며 따라나섰다. 기절의 절망 끝에서 만난 따뜻한 연대가 또 한 번 이어진 순간이었다. 이렇게 필자, 박준석, 전도걸 세 사람은 택시를 타고 마침내 모든 도구가 준비된 비밀 아지트, 필자의 집이 있는 우암동으로 향했다.

비밀 아지트는 우암초등학교 뒤쪽, 가파른 산동네에 자리한 필자의 집이었다. 시각은 저녁 7시 30분. 마침 부모님은 계모임 여행으로 집을 비운 상태였다. 완벽한 조건이었다. 집에 도착한 필자는 동지들에게 라면 세 봉지를 끓여 주었다. 그것이 그날 밤, 역사를 만들 청년들의 유일한 저녁 식사였다.

식사 후, 집 아래 문방구에서 8절지 300매와 등사원지, 철필을 사 왔다. 드디어 모든 준비가 끝났다. 박준석이 선언문 초안을 보며 몇 군데 수정을 제안했고, 필자는 그의 의견을 반영해 마지막으로 문안을 다듬었다.

이제 가장 중요한 원고 필경 작업. 하지만 세 사람 모두 등사기를 써 본 경험이 없는 초짜들이었다. 필자가 철필을 잡았지만, 글씨는 삐뚤빼뚤했다. 한 시간을 끙끙댔지만 결과물은 글자를 알아보기 힘들 정도였다. 첫 번째 시도는 완전히 실패였다.

밤 10시가 넘도록 작업이 지지부진한 가운데, 웬일인지 박준석이 먼저 집에 가겠다며 일어섰고, 전도걸도 따라나섰다. 다급한 마음으로 "제발 도와달라"며 전도걸을 붙잡았다. 결국 두 사람이 남아 다시 작업을 이어 갔다. 수많은 실패 끝에 자정 12시가 되어서야 겨우 필경 작업이 끝났다.

자정이 넘어 시작된 등사 작업. 필자가 롤러를 밀고, 전도걸은 인쇄된 유인물을 조심스럽게 꺼내 챙겼다. 서툰 손길로

밤을 새운 작업은 새벽 3시가 되어서야 끝났다. 쓸 만한 유인
물은 약 200매. 그것을 보물처럼 책가방에 넣었다. 잉크 묻은
손을 씻고 잠시 눈을 붙인 두 사람. 그리고 날이 밝았다. 역사
의 아침이었다.

10월 16일 : 자유라는 두 글자

1. 결전의 날

10월 16일 아침, 필자는 밤새 만든 선언문 200매가 든 책가방을 들고 결전의 장소인 부산상대 건물 앞 벤치로 향했다. 오전 9시, 유유히 정문을 통과했다. 다행히 별다른 검문은 없었다.[1] 약속 시간보다 20분 일찍 도착해 벤치에 앉아 동지 박준석을 기다리며 마지막으로 계획을 가다듬었다. 머릿속은 복잡했다. '부산대는 '데모하지 않는 대학'으로 유명했기에,

---

[1] 그날 소위 '운동권'의 움직임은 어땠을까? 공식 보고서는 9시 30분 경 김종세가 이호철을 만나 인원을 점검했고, 9시 40분부터 도서관 잔디밭에서 연좌시위를 시작했다고 기록한다. 정말 그랬을까? 결론부터 말하면 전혀 사실이 아니다. 그 시각에 연좌시위를 했다면 운동권 핵심 멤버들이 당연히 그곳에 있어야 했다. 하지만 그들은 흩어져 있었다. 음악교육과 윤연희는 음악관으로 가다가 상대 시위대를 보고 합류했다. 노재열은 이를 만류했다. 김영은 도서관 쪽에 있다가 구호 소리를 듣고서야 상대 쪽으로 달려갔다. 인원동원을 논의했다는 김종세는 정작 상대 시위대가 나타나자 교수연구실로 줄행랑을 쳤다. 사정이 이러한데 운동권이 조직적인 연좌시위를 했다고 볼 수 있을까? 10 · 16 민주운동에 가장 열성적이었던 김하기는 "연좌시위는 없었다"고 잘라 말한다.

단순히 유인물을 뿌리는 것만으로는 부족했다. 어떻게 학생들을 실제 행동으로 이끌어 낼 것인가?

필자가 생각해 낸 방법은 당시로서는 획기적인 것이었다. 바로 수업이 진행되는 강의실로 직접 들어가 학생들을 시위대로 조직하는 것이었다. 흩어진 학생들을 모으는 것보다, 한곳에 모여 있는 학생들의 마음을 움직이는 것이 훨씬 효과적이라고 판단했다. 목표는 오전 10시, 화폐금융론 수업이 있는 인문사회관 306호였다.

오전 9시 40분경, 마침내 결전의 장소인 인문사회관으로 향했다. 먼저 206호 강의실에 들러 학우 엄태언에게 유인물 40매를 전달하고, 복도에서 마주친 다른 과 학생에게도 배포를 부탁했다. 그리고 마침내 수업이 있는 306호 강의실로 들어갔다. 수업 시작 직전, 40여 명의 학우들에게 선언문을 나눠 주고 곧장 강단으로 뛰어 올라갔다. 그리고 외쳤다.

"여러분, 우리 이제 때가 왔습니다. 나가서 투쟁합시다!"

어리둥절하던 것도 잠시, 학생들은 기다렸다는 듯 분연히 일어나 교실 문을 박차고 나갔다. 필자 역시 206호로 내려가 학생들을 이끌고 시위 대열에 합류했다. 훗날 경제학과 2학년 유동현은 바로 그 306호 강의실의 외침이야말로 부마항쟁의 진정한 시작점이었다고 증언했다.[2]

2　『10·16부마민주항쟁 부산대학교 증언집』, 484쪽.

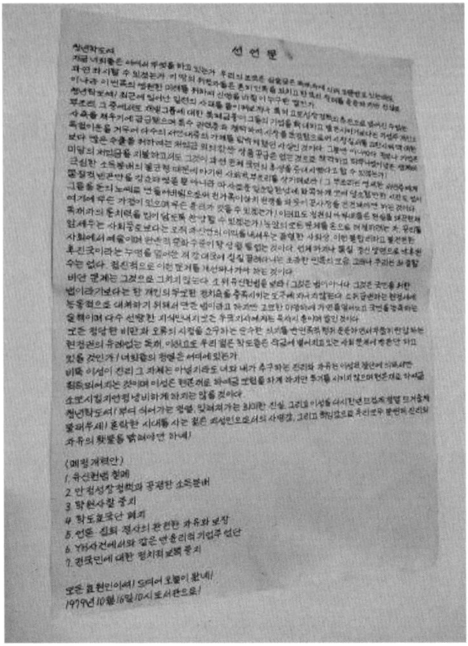

사진 속 선언문은 1979년 10월 16일 필자가 배포한 '폐정개혁 선언문'을 재현한 것이다. 이는 2025년 부마(민주항쟁) 기획전에 게시하기 위해 부마재단 실무자들이 직접 제작했다. 특히 이들은 1979년 당시의 분위기를 되살리기 위해, 종이에 일일이 커피를 물들이는 정성을 들였다.

오전 9시 53분. 마침내 역사의 현장, 부산상대 건물 앞에 도착했다. 인문사회관에서 나온 50여 명의 학생이 집결하자, 캠퍼스의 공기가 달라지기 시작했다. 학생들은 〈우리의 소원은 통일〉과 〈우리의 소원은 자유〉를 부르기 시작했다. 노래를 부르는 사이, 대열은 자연스럽게 4열 종대로 정렬되었다. '데모 없는 대학'의 침묵이 깨지는 순간이었다. 마침내 그들의 입에서 역사를 바꿀 구호가 터져 나왔다. "유신 철폐! 독재 타도!" 부산시경이 첫 정보 보고를 받은 것도 바로 이때였다.

대열이 갖춰지자, 필자는 가방에서 선언문 한 장을 꺼내 그 뒷면에 검은 볼펜으로 또박또박 '自由(자유)' 두 글자를 썼다. 이 즉석 피켓을 양손으로 높이 들고 시위대의 맨 앞에 섰다. 선언문이 든 가방은 동기 하창우에게 맡겼다.

시위대의 주축은 경제학과 2학년 학생들이었다. 당시 그 모습을 지켜본 이대우 교수는 "수업에 들어가던 길에 어깨동무를 하고 도서관으로 향하는 30여 명의 학생들을 보았다"며, "'올 것이 왔구나' 하는 생각에 눈물이 핑 돌았다"고 회고했다.[3] 대구 2·28 민주운동의 주역이었던 그는 경제학과 2학년 학생들이야말로 "10·16 부마항쟁의 혁명적 씨앗을 뿌린 새 역사 창조의 선구자들이었다"고 평가했다.[4] 하일민 교수도 당시를 이렇게 증언했다.[5]

<hr>

[3] 부마민주항쟁기념사업회, 『부마민주항쟁 10주년 기념 자료집』, 1989, 125쪽.

[4] 위 자료집, 125쪽.

[5] 위 자료집, 120쪽.

당시는 정말 예상을 초월했어요. 부산대학교가 유신 이후 한 번도 시위가 없어서 '유신대학'이랄 정도로 모범학교로 알려지고……. 그날은 연구실에 있었는데, 상대 앞에서 100여 명이 구호를 외치며 구 도서관 앞으로 가는 대열을 발견하게 되었습니다.

100여 명으로 불어난 시위대가 도서관 앞 잔디밭에 도착했을 때, 가장 극적인 순간이 찾아왔다. 시위대는 연좌했고, 그 주위로 200명이 넘는 학생들이 모여들었다. 긴장감이 감도는 가운데, 필자는 다시 한번 학생들을 독려하기 위해 "일어나 나가자!"라고 외치며 도서관 열람실을 한 바퀴 돌고 돌아왔다.

바로 그때였다. 잠복하고 있던 경찰들이 득달같이 달려들어 필자의 멱살을 잡았다. 체포되기 일보 직전의 순간! 지켜보던 기계설계학과 2학년 이규헌[6]이 목청껏 소리쳤다.

"경찰이다!"

이 한마디가 도화선이었다. 잔디밭에 있던 모든 학생이 일제히 일어나 경찰을 에워쌌다. 순식간에 몸싸움이 벌어졌고, 학생들은 힘을 합쳐 경찰을 밀어내고 필자를 구해 냈다. 이규

6　이 일로 이규헌은 10월 16일 학내에서 경찰에 체포되었고, 동래경찰서로 연행되어 구류를 살았다. 그의 구술대로, 그는 부산대학교 '1호 구속자'가 되었다. 민주주의사회연구소 엮음, 『부마민주항쟁 증언집: 부산편1』, 2013, 454쪽.

헌은 훗날 이렇게 말했다. "그때 불이 붙었어요. 경찰이 학생을 잡아가려 했잖아요."

학생들의 사기는 하늘을 찔렀다. 수백 명이던 대열은 순식간에 수천 명으로 불어나 스크럼을 짠 채 대운동장을 가득 메웠다. 학생들은 농구 골대를 굴려 정문 돌파를 시도하는 등 기세는 맹렬했다. 부산대 사무국 총무과 직원이던 주덕수 씨는 학생들이 체육관 옆 야외에 있던 농구 골대를 가져와 사대부고 담을 무너뜨리는 데 사용했다고 증언했다. 농구 골대가 장애물을 제거하고 새로운 이동로를 확보하는 '공성퇴'처럼 쓰인 것이다.

학생들의 기세가 하늘을 찌르던 오전 10시 40분. 정문을 막고 있던 경찰은 마침내 교내 진입을 결정했다. '페퍼포그'라 불리는 가스차를 앞세운 기동대는 학생들을 향해 무차별적으로 최루가스를 쏘아대기 시작했다. 자욱한 연기와 함께 경찰들은 곤봉을 휘두르며 학생들을 쫓았다. 학생들은 돌을 던지며 저항했지만, 강력한 진압 작전에 대열은 무너질 수밖에 없었다. 캠퍼스는 순식간에 아수라장으로 변했다.

오전 11시경, 경찰의 폭력적인 진압에 흩어졌던 학생들은 어느새 다시 도서관 앞에 모여들었다. 학내 시위의 한계를 느낀 이들의 눈빛은 이전보다 훨씬 더 뜨거웠다. 이때, 필자와 무역학과 3학년 김창수가 번갈아 가며 선언문을 힘차게 낭독

했다. 낭독이 끝나자, 필자는 선언문의 내용을 구호로 만들어
선창하기 시작했다.

"유신헌법 철폐하라!" (철폐하라! 철폐하라!)

"정치 탄압 중지하라!" (중지하라! 중지하라!)

선언문 낭독과 구호 제창으로 학생들의 의지는 하나가 되었
다. 더 이상 캠퍼스 안에만 머무를 수 없었다. 모두의 마음속
에 단 하나의 목표가 생겼다. 바로 가두 진출이었다.

이 사진은 1979년 10월 16일 부산대 학생 시위의 전개 과정을 보여 준
다. 왼쪽부터 설명하자면, (1) 도서관 앞 잔디밭에 모인 학생들이 상대학
장의 설득을 뿌리치고 (2) 본관 앞에서 교직원의 제지를 뚫고 스크럼을
짜며 시위에 돌입한다. 이어 (3) 정문 앞에서 경찰과 격렬하게 대치하고,
(4) 출동한 경찰이 정문을 봉쇄한 모습으로 이어진다.

출처: 동래경찰서 '실황조사서'(1979. 10. 27.)

2. 폐정개혁안 톺아보기

작가 이병주가 말한 것처럼, 당시는 '긴급의 시대'였다. 박
정희의 1인 독재를 위해 헌법 위에 군림했던 유신체제. 이에
저항하는 지식인과 학생들은 긴급조치 위반이라는 죄목으로
투옥되고 학교에서 쫓겨났다. 필자는 왜 이 '긴급의 시대'에
맞서기로 결심했을까? 필자가 직접 작성한 선언문의 '폐정개
혁안'을 통해 당시 시국 인식을 들여다보자.

　■ 정광민(필자)의 '폐정개혁안'

1. 유신헌법 철폐

2. 안정성장정책과 공평한 소득분배

3. 학원사찰 중지

4. 학도호국단 폐지

5. 언론 · 집회 · 결사의 완전한 자유와 보장

6. YH와 같은 반윤리적 기업 엄단

7. 전 국민에 대한 정치 **보복** 중지

'폐정개혁안'이라는 용어는 본래 동학농민운동에서 유래했
다. 필자는 대학 1학년 때 동학 관련 서적을 통해 이 사실을
처음 알게 되었다. '폐정개혁안'과 '반유신 운동', 이 조합만으

로도 흥미진진하지 않은가?

폐정개혁안의 제1조는 명확하게 유신헌법 철폐를 요구했다. 당시 필자가 가장 큰 문제로 인식했던 것이 바로 유신체제 그 자체였음을 알 수 있다. 2조는 경제 문제를 지적한다. 고도성장의 이면에 재벌 중심의 특혜와 '부익부 빈익빈' 문제가 심각했으며, 성장의 과실이 국민에게 공평하게 돌아가야 한다는 문제의식이 담겨 있다.

3조와 4조는 학내 문제다. 중앙정보부와 경찰의 일상적인 학원 사찰, 학생 자치 기구인 총학생회를 없애고 들어선 학도호국단, 강압적인 교련 수업 등 대학의 자율성은 철저히 유린당하고 있었다. 5조는 표현의 자유를, 6조는 YH무역 여성 노동자들의 생존권 투쟁을 폭력으로 짓밟은 YH 사건을 언급하며 반윤리적 기업의 엄단을 요구한 것이다. 마지막 7조는 신민당 총재 김영삼의 의원직 제명 사태를 염두에 둔 것으로, 권력을 이용한 정치 보복의 중지를 촉구한 것이다.

이러한 문제의식은 하루아침에 만들어진 것이 아니었다. 훗날 발견된 경찰 수사 기록에서도 알 수 있듯이, 필자는 YH 사건과 김영삼 총재 제명 사태를 보며 시위를 결심하고, 항쟁이 일어나기 일주일 전인 10월 8일에 이미 선언문 초안을 작성해 두었다. 이 행동은 결코 우발적인 것이 아니었다.

여기서 한 가지 흥미 있는 문제를 짚고 넘어가자. 서울대학교 강원택 교수는 『제5공화국』이라는 책에서 '폐정개혁안 7개조'를 인용하며, 이 선언문이 박정희 체제에 대한 전면적인 부정이라고 보기는 어렵다고 평가한다.[7] 그는 그 근거로 '유신헌법 철폐'(1조)라는 정치적 구호 뒤에, '안정성장정책과 공평한 소득분배'(2조)라는 경제적 요구가 이어진다는 점에 주목한다. 이는 당시 항쟁의 성격을 경제적 구조 변혁을 위한 선언으로 보는, 하나의 중요한 평가 시각이다.

하지만 우리는 이 선언문을 조금 다르게 볼 수 있지 않을까? 첫째, 이 선언문의 무게중심은 그 무엇보다 제1조 '유신헌법 철폐'에 있다. 1979년 당시 유신헌법은 단순한 법률 하나가 아니라, 박정희 1인 독재를 가능하게 한 체제의 심장이자 법적 기반 그 자체였다. '개정'이 아닌 '철폐'를 요구한 것은, 체제 내의 부분적 개혁이 아닌 체제의 근본적인 해체를 요구한 것으로 보아야 한다. 이는 정권의 정통성을 정면으로 부인하는 가장 강력한 선언이다.

둘째, 강 교수가 주목한 2조의 '공평한 소득분배' 요구는, 당시 성장 정책에 대한 '동의'라기보다 '정면 비판'으로 해석하는 것이 더 타당해 보인다. 이는 6조의 'YH와 같은 반윤리적 기업 엄단' 요구와 직접 연결된다. 즉, "지금 당신들의 성장

---

7   강원택, 『제5공화국』, 역사공간. 2024, 379쪽.

정책은 재벌·기업 중심이며, 그 과실은 불공평하게 분배되고 있다"는 날카로운 비판인 것이다.

나아가 3조(학원 사찰 중지), 4조(학도호국단 폐지), 5조(언론·집회 자유), 7조(정치보복 중지) 등은 모두 유신체제를 지탱하던 핵심적인 억압 기구들의 전면 해체를 요구하고 있다.

이 문제와 관련하여 구모룡 교수의 비교·평가를 살펴보는 것도 도움이 될 것 같다. 구 교수는 10월 15일과 16일, 세 학생이 보여 준 이념적 낙차에 주목하고 있다. 이진걸이 '승공(勝共)'의 관점에서 민족문제를, 신재식이 '자유민주주의'를 견지했다면, 필자는 다분히 '민중해방'이라는 문제의식을 품고 있었다. 이는 80년대에 나타날 이념적 분화의 맹아(萌芽)로도 볼 수 있다.[8] 따라서 YH 사건에서 보듯, 당시의 경제적 문제는 정권의 폭력적 탄압과 분리될 수 없는 정치·경제적 복합 문제였다. 경제적 요구는 체제에 대한 저항의 일부였으며, 향후 전개될 민중 투쟁을 예견하고 있었다고 해석하는 것이 타당하다. 이 모든 조항을 종합해 볼 때, 해당 선언문은 강 교수의 평가처럼 체제를 인정하는 틀 안에서의 개혁 요구라기보다, 사실상 유신체제의 종식을 염두에 둔 급진적인 요구서로 해석하는 것이 더 설득력 있지 않을까?

---

8   구모룡, "10월의 거리에서 만난 민중항쟁", 『다시 시월, 1979』, 산지니, 2019.

동래경찰서 '실황조사서'의 사진 기록!

1979년 10월 27일, 동래경찰서는 정광민(필자) 등의 긴급 조치 9호 위반 사건에 관한 '실황조사서'를 작성했다. 이는 범죄 상황을 명백히 하고 증거자료를 수집·보전하기 위한 목적이었다. 이 조사서가 특히 귀중한 사료적 가치를 지니는 이유는, 10·16 최초 시위였던 부산상대생 시위의 발생 경과를 '사진'으로 기록해 두었기 때문이다. 아래에서 10월 27일에 촬영된 이 사진 기록들을 살펴본다.

10월 16일 오전 9시 40분경, 필자는 먼저 인문사회학관 206호 강의실에 들러 엄태언(경영학과 2학년)에게 선언문 40매를 전달했다. 그 후 '화폐금융론' 수업이 있던 306호 강의실로 올라갔다.

위 사진에는 206호와 306호 강의실 위치가 화살표로 명확히 표시되어 있다. 이는 중요한 사실을 바로잡아 준다. 지금까지 306호 강의실은 건물의 3층 오른쪽에 있는 것으로 잘못 알려졌으나, 이 사진을 통해 정확한 위치를 확인할 수 있게 된 것이다.

또한, 동래경찰서는 사진 오른쪽 여백에 인문사회학관을 가리켜 '시위 시발점'이라고 적어 놓았다. 흥미로운 점은 '선언문'을 '민주선언문'으로 잘못 표기했다는 것이다. 뒤늦게 오류를 파악했는지, 다른 사진에서는 '민주'라는 글자 위에 두 줄을 긋고 도장을 찍어 수정한 흔적도 발견된다.

결론적으로, 이 자료는 10월 16일 최초 시위의 시발점이 바로 인문사회학관 306호 강의실이었음을 명백히 증명한다.

위 사진은 306호 강의실 입구 사진이다. 동래경찰서는 이곳을 두 번째 선언문을 배포한 곳이라고 기록했다.

정광민이 선언문을 배포하고 연설했던 306호 강의실 내부 전경이다.

위 사진은 상과대학 입구 사진이다. 동래경찰서는 "처음 시위에 들어가 상과대학 정문으로 통과"했다고 기록하고 있다. 이 기록은 10월 16일 상대 앞에서 최초 시위가 있었음을 확인해 준다.

부마민주항쟁의 첫 함성이 터져 나왔던 옛 상대 건물은 이제 사라지고, 그 자리는 '새벽뜰'이라는 이름의 푸른 잔디밭으로 바뀌었다. 격동의 현장이었음을 알리는 '부마민주항쟁 발상지 표지석'만이 낮게 누워, 오늘날 그 주변을 지나는 학생들을 묵묵히 지켜보고 있다.

부마민주항쟁 발상지 표지석 앞에서의 기념 촬영.
(왼쪽부터) 송기인 신부, 차정인 총장, 필자, 김하기 작가.

독재가 사실일 때, 혁명은 권리가 된다

―빅토르 위고

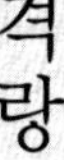

2부

격랑

거리의 함성

1. 도심 진출 투쟁

1979년 10월 16일 오전 11시경, 부산대학교 교정은 최루탄 연기와 함성으로 가득 찼다. 경찰의 무자비한 곤봉 세례에 흩어졌던 수천 명의 학생은, 도서관 앞에서 마지막 결의를 다진 뒤 캠퍼스라는 울타리를 넘기로 결심했다. 그들의 목표는 단 하나, 도심 진출이었다.

가장 먼저 가두 진출에 성공한 것은 구정문 쪽이었다. 1,000여 명의 학생들이 몰려가 수위실 창문을 넘고, 마침내 누군가 자물쇠를 깨뜨리자 함성과 함께 학교 밖으로 뛰쳐나갔다. 경찰은 페퍼포그를 쏘며 막아섰지만, 학생들은 가게 앞 음료수병과 돌멩이를 던지며 격렬하게 저항했다. 수많은 부상에도 불구하고 500여 명의 선봉대는 마침내 온천장 방면으로 진출하는 데 성공했다.

얼마 뒤, 신정문 쪽에 있던 주력부대는 사대부고 쪽에서 돌파구를 찾았다. 1,000여 명의 학생들이 힘을 합쳐 사대부고 철문을 뜯어내고, 정문을 막아선 경찰과 접전을 벌이는 한편, 옆쪽 담벼락을 밀어 무너뜨렸다. 와르르 무너진 담장 사이로 거대한 학생의 물결이 쏟아져 나왔다. 학교에 남아 있던 600~700여 명의 후발대 역시 포기하지 않고 그 뒤를 따랐다.

최루탄 연기와 곤봉 세례를 뚫고 거리로 쏟아져 나온 수백 명의 학생은 숨 가쁘게 온천장 일대로 향했다. 그들의 등 뒤에서는 여전히 교문을 넘지 못한 학우들의 함성이 들려왔고, 앞에서는 놀란 눈으로 그들을 쳐다보는 시민들의 시선이 기다리고 있었다.

잠시 대열이 멈춰 섰다. 땀으로 젖은 얼굴, 찢어진 옷, 경찰과 몸싸움을 벌이다 생긴 상처도 있었지만 그들의 눈은 그 어느 때보다 밝게 빛났다. 마침내 거리로 나왔다는 해방감과 앞으로 어떤 일이 벌어질지 모른다는 긴장감이 교차했다.

"유신 철폐! 독재 타도!"

누군가 다시 구호를 외치자, 흩어졌던 대열이 다시 뭉치기 시작했다. 그 순간, 길을 가던 시민들이 걸음을 멈췄다. 운행 중이던 버스와 택시도 속도를 줄였다. 자전거를 타고 가던 아저씨, 아이의 손을 잡고 시장에 가던 아주머니도 모두 숨을 죽인 채 청년들의 외침을 지켜보았다.

그것은 낯선 풍경이었다. 매일같이 지나다니던 평범한 거리가 순식간에 역사의 무대로 변하는 순간이었다. 시민들의 시선 속에서 학생들은 더 큰 용기를 얻었다. 이제 그들은 고립된 섬이 아니었다. 그들의 외침을 들어주는 사람들이 있었다. 온천장 일대를 가득 메운 그날의 함성은, '열흘 혁명'이 마침내 시민들과 만나 더 큰 바다로 나아가는 첫 번째 파도 소리였다.

*

김성진(부산대, 상경계열 1학년)이 속한 500명가량의 그룹은 온천장으로 향하던 중 동래 전자공고 앞에서 전경에게 가로막혔다. 그 때문에 온천장으로 가지 못하고 사직동(현 미남교차로) 쪽으로 방향을 틀었다.

미남교차로부터는 한동안 전경이 보이지 않았다. 시위대는 '독재 타도', '유신 철폐' 구호를 외치고 노래를 부르며 행진을 이어 갔다. 길가에서 지켜보던 시민 중 상당수가 '잘한다', '힘내라'며 박수를 쳤다. 시민의 응원 덕분에 더욱 힘을 냈고, 힘든 줄도 모르고 계속 나아갔다. 500명가량의 시위대는 '부산역으로 가자', '시청으로 가자'는 등의 구호를 외치기도 했다.

그렇게 행진하다가 거제리 정비창(현 거제홈타운) 부근에 다다랐다. 정비창 초소에서 보초를 서던 군인이 시위대를 발견하고는, 바로 무전기나 전화기로 보고하는 듯한 모습을 보였다. '아, 전경들에게 연락했겠구나.' 직감했지만, 시위대는 구호를 외치며 거제리 쪽으로 계속 걸어갔다.

하지만 10분 정도 지났을까. 정비창을 지나 하마정에 이르기 전(현 거제홈타운 부근), 갑자기 전경을 태운 차들이 나타나 시위대 앞뒤를 막아섰다. 학생들은 좌우로라도 도망가려 했지만, 한쪽은 군부대인 정비창의 긴 담벼락으로 막혀 있었다. 그야말로 벗어날 길이 없는 포위된 상황이었다.

대열의 앞뒤에 있던 일부 학생들은 그대로 잡혀 '닭장차'에 실려 갔다. 남은 학생들은 양쪽에서 몽둥이를 들고 잡으러 오는 전경들을 피해 흩어졌는데, 도망갈 곳은 오른쪽, 아마도 거제리 산 쪽밖에 없었다.[1]

김성진도 그쪽으로 도망가다 보니 민가들이 나왔는데, 곧 길이 담으로 막혀 더 이상 갈 곳이 없었다. 서 있다가는 꼼짝없이 잡혀갈 판국이라, 어디서 초인적인 힘이 났는지 키보다 높은 담을 그냥 뛰어넘어 숨었다.

산업도로를 달리던 선두 그룹 수백 명은 온천교를 지나 동

---

1   『10 · 16부마민주항쟁 부산대학교 증언집』, 166~167쪽.

래경찰서 앞까지 진출했다. 그들은 혼자가 아니었다. 옆 사람
의 어깨에 팔을 두르고, 또 그 옆 사람의 어깨를 감쌌다. 쇠
파이프처럼 단단한 스크럼은 서로에게 유일한 무기이자 방패
였다. 맨 앞에서 대열을 이끌던 학생들은 입술을 굳게 다문
채 정면을 응시했다. 더 이상 물러설 곳이 없다는 비장함이
흘렀다. 그들의 등 뒤로 "유신 철폐!", "독재 타도!"를 외치는
함성이 파도처럼 밀려왔다.

동래경찰서 앞을 지키던 경찰들은 압도적인 기세로 달려오
는 거대한 청년들의 물결 앞에서 순간 얼어붙었다. 이것은 더
이상 통제 가능한 시위가 아니었다. 억눌렸던 시대의 분노가
마침내 폭발하여, 독재의 심장을 향해 돌진하는 거대한 혁명
의 시작이었다.

동래경찰서 앞을 달려가는 시위대(2020)/정성길 作

10·16 부마항쟁
부산대학생의 가두 진출

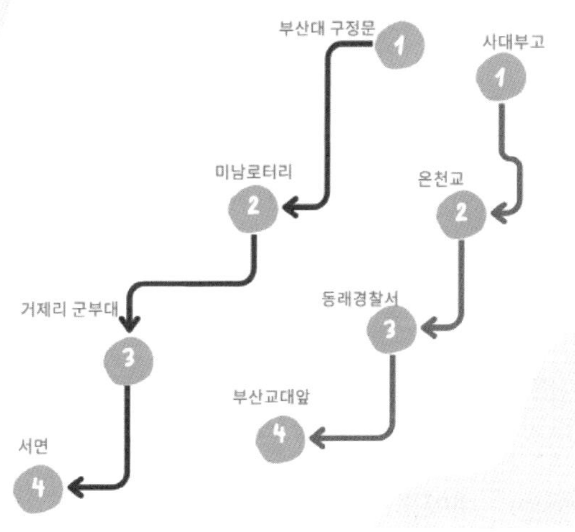

『부마민주항쟁 진상조사보고서』는 부산대학교에서 출발한 도보 시위의 최종 진출 지점을 '거제리'로 기술하고 있다. 하지만 학생들의 행보는 거기서 멈추지 않았다. 당시 시위에 참여했던 윤보훈(부산대 상경계열 1학년)의 구술은 공식 기록이 담지 못한 생생한 사실을 증언한다. 그에 따르면, 학생들은 온천사거리에서 최루탄을 쏘며 진압하는 경찰을 피해 주택 지붕까지 타고 넘으며 사직동 방향으로 이동했다. 이들은 흩어졌다 합류하기를 반복하며 끝내 '산을 넘어' 서면까지 진출했다.[2] 이는 부산대 학생들이 공식 기록상의 종착지인 거제리를 넘어, 험난한 경로를 뚫고 도심 깊숙이 나아갔음을 보여 주는 분명한 증거이다.

동래경찰서를 통과한 시위대는 부산교대 앞에서 단단히 가로막혔다. 미리 정보를 입수한 경찰 기동대가 겹겹이 방어벽을 치고 기다리고 있었다. 물러설 곳은 없었다. 그럼에도 학생들은 "와!" 하는 함성과 함께 그대로 경찰 방어벽으로 돌진했다. 헬멧을 쓴 경찰과 맨주먹의 학생들이 뒤엉켰고, 곤봉이 허공을 갈랐다. 중과부적이었다. 훈련된 기동대의 폭력 앞에 학생들의 대열은 결국 무너지고 흩어졌다. 일부는 현장에서 붙잡혀 경찰 버스로 끌려갔고, 살아남은 학생들은 골목골목으로 흩어져 시내로 향하는 버스에 몸을 실었다. 버스 기사들은 경찰의 요구를 무시하고 학생들을 태운 채 역을 통과해 주었고, 시민들은 길을 알려 주었다. 그들 사이에서는 새로운 약속이 빠르게 퍼져 나갔다.

"2시, 부산역에서 다시 모이자!"

교대 앞에서 터져 나온 첫 번째 격렬한 함성은 그렇게 스러지는 듯했다. 온천장에서 미남로터리 방면으로 나아간 시위

2　『10 · 16부마민주항쟁 부산대학교 증언집』, 513쪽.

대는 거제리 군부대 앞까지 진출했지만 경찰의 강력한 진압
작전으로 다수가 연행되었다. 하지만 그것은 끝이 아니었다.
흩어진 불씨들은 이제 도시의 더 깊숙한 심장부, 남포동에서
다시 타오를 준비를 하고 있었다.

2. 부산대 학생들, 최장 거리 행진의 숨은 주역

한국 민주화운동 역사상 학생 시위대의 최장 거리 가두 진
출 기록은 4·19 혁명이나 6월항쟁이 아닌, 1979년 부마항쟁
당시 부산대학교 학생들이 세운 17.6㎞이다. 이는 기존에 알
려진 기록을 훨씬 뛰어넘는다. 지금까지 알려진 주요 민주화
운동의 학생 시위행진 거리는 다음과 같다.

- 4·19 혁명(1960년): 약 6.5㎞(서울대 상대 → 구 국회의
  사당)
- 6월항쟁(1987년): 약 6.0㎞(연세대 → 서울시청; 故 이한
  열 열사 장례 행렬)
- 5·18 민주화운동(1980년): 약 3~4㎞(전남대 → 구 전남
  도청)

흥미롭게도 부산지역의 1987년 6월항쟁 당시 가톨릭센터에서 서면까지 이어진 행진 거리(약 7.4㎞) 만으로도 기존의 최장 기록을 넘어선다. 하지만 이 모든 기록을 압도하는 것이 바로 부마항쟁이었다.

1979년 10월 16일 부산대학교 학생들이 장전동 구정문을 시작으로 경찰 저지선을 뚫고 당시 부산의 중심부였던 남포동과 부민동 일대까지 진출한 총이동 거리는 무려 17.6㎞에 달했다. 물론 이 과정이 연속적인 단일 행진은 아니었다. 경찰의 격렬한 저지로 대열이 흩어지기도 했고, 일부는 버스를 이용해 도심으로 집결하기도 했다. 하지만 끈질긴 '도심 결집 투쟁'의 결과인 건 틀림없었다.

17.6㎞의 행진, 어둠을 뚫고 부산을 깨운 살아 있는 외침

1979년 부마항쟁 당시, 부산대학교 학생들의 17.6㎞에 달하는 도심 진출은 단순한 최장 거리 행진 기록을 넘어, 철저한 언론통제라는 암흑 속에서 온몸으로 유신 독재의 종식을 외친 위대한 투쟁이었다. 약 4~5시간에 걸친 이 대장정은 부산 시내를 관통하며 꺼져 가던 민주주의의 불씨를 되살리는 기폭제가 되었다.

깜깜한 세상 속, 스스로 '뉴스'가 된 학생들

당시 유신체제 아래서 신문과 방송은 정권의 나팔수 역할에 충실했고, 진실은 철저히 통제되고 왜곡되었다. 이러한 '깜깜한 언론통제' 상황에서 부산대 학생들은 자신들의 행진 자체를 하나의 거대한 '뉴스 속보'로 만들었다.

학생들은 4~5시간 동안 부산의 주요 도로를 달리며 거리를 오가는 수많은 차량 탑승객과 시민들에게 반유신 시위의 시작을 직접 알렸다. 멈춰 선 버스 안에서, 상점 안에서, 그리고 길 위에서 시민들은 독재에 항거하는 학생들의 생생한 함성과 결연한 표정을 목격했다. 이는 어떤 신문 기사나 방송 보도보다도 강력하고 진실된 메시지였다. 학생들은 걷는 내내 살아 있는 선언문이었고, 움직이는 횃불이었다.

파급효과: 대학 담장을 넘어 도시 전체로

부산대 학생들의 용감한 거리 진출은 즉각적인 파급효과를 낳았다. 시위 소식은 입에서 입으로 빠르게 퍼져 나가며 다른 교육 현장을 자극했다. 시위 소식은 곧바로 동아대학교 등 부산 시내 다른 대학의 학생들에게 전해져 연대 시위를 촉발하는 결정적 계기가 되었다. 더 나아가 전문대 학생과 고등학생들까지 시위 소식을 접하고 분노하며 항쟁에 동참하게 만들었다. 저변 근로 청년들이 시위 소식을 접하게 된 것도 이런 가

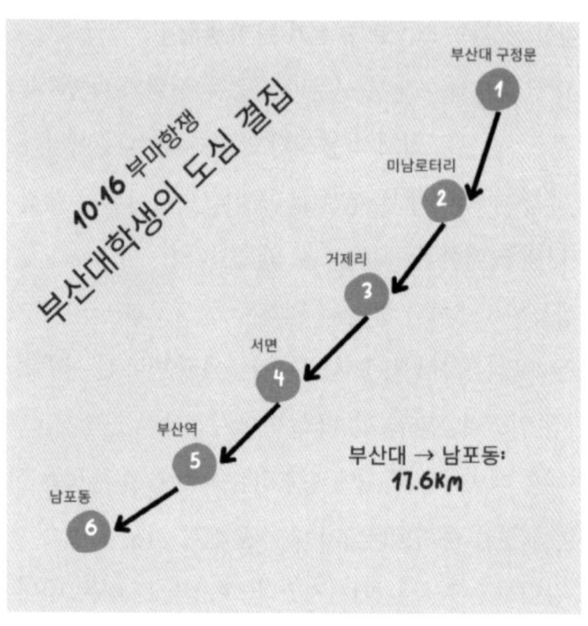

두 투쟁의 산물이었다.

부산대 학생들의 17.6㎞ 행진은 하나의 대학에서 시작된 저항을 부산의 여러 대학 청년·학생이 동참하는 민주항쟁으로 발전시키는 도화선 역할을 했다. 이들의 발걸음은 유신체제의 견고한 벽에 균열을 내고, 마침내 저변 근로 청년까지도 하나로 묶어 거대한 민주주의의 함성을 만들어 냈다.

3. 도시의 심장부에서: 게릴라 시위와 시민들의 응답

오후 2시경, 캠퍼스를 빠져나온 학생들은 부산의 심장부인 남포동과 광복동 일대에서 다시 모이기 시작했다. 하지만 이번에는 양상이 달랐다. 한곳에 모여 큰 대열을 이루는 대신, 20명, 200명, 300명씩 나뉜 작은 그룹들이 도시 곳곳에서 동시다발적으로 시위를 벌이는 '게릴라 작전'을 펼친 것이다.

부영극장 앞에서, 국제시장 한복판에서, 춘해병원 골목에서 "유신 철폐!", "언론 자유!"를 외치는 함성이 동시다발적으로 터져 나왔다. 경찰이 한쪽을 진압하러 달려가면, 다른 쪽에서 더 큰 함성이 터져 나오는 식이었다. 특히 국제시장과 광복동의 미로처럼 얽힌 골목길은 학생들에게 완벽한 작전 공간이 되어 주었다. 학생들은 골목 사이를 누비며 경찰을 따돌렸고, 흩어졌다가 다시 모이기를 반복하며 시위를 이어 나갔다.

오후 3시가 지날 무렵 고신대 학생, 동아대학생들도 속속 시위대에 합류했다. 오후 3시 30분경 한국외국어대학교 휴학생이었던 황성권은 부산 광복동에서 우연히 시위대를 발견하고 자발적으로 합류하여 흩어져 있던 대열을 이끌었다. 황성권은 마산고 출신이었다. 그의 주도하에 수백 명이던 시위대는 1,000명 이상으로 급격히 불어났으며, 미화당백화

점에서 창선파출소에 이르는 1㎞ 구간을 한 시간 반 이상 반복하여 행진했다. 시위가 절정에 달했을 무렵, 그는 대열 속에 잠입해 있던 형사들에게 체포되어 연행되었다. 당시 부산대 경제학과 2학년 학생이었던 박현호는 그날을 이렇게 회고했다.

갈라진 시위대가 불어나 또 다른 갈래를 낳는 식으로 시위가 확대돼 애국가와 구호가 울려 퍼지지 않는 곳이 없었을 정도였다.[3]

이 놀라운 광경에 시민들이 응답하기 시작했다. 버스 승객들과 행인들은 박수를 치며 "잘한다!"라고 외쳤고, 시장 상인들은 경찰에 쫓기는 학생들을 가게 안에 숨겨 주고 빵과 음료수를 건넸다. 심지어 경찰이 학생들을 구타하려 하면, 주변 건물 2층에서 연탄재와 화분, 재떨이가 비처럼 쏟아져 내렸다. 학생들의 시위는 이제 시민들의 보호와 지지 속에서 도시 전체의 저항으로 번져 나가고 있었다.

---

3   "부마 10월항쟁", 『한겨레신문』, 1988.10.18.

4. 부영극장 앞 국기하강식

저녁 6시, 부산 남포동 부영극장 일대는 팽팽한 긴장감 속 익숙한 스피커 소리로 가득 찼다. 국기하강식을 알리는 애국가였다. 당시 부영극장 맞은편 대영극장 쪽에 서 있던 강철안(동아대 2학년)의 증언은 이 순간을 더욱 입체적으로 보여 준다. 그의 기억에 따르면, 이미 격렬한 시위가 벌어지던 중에 잠시 멈춘 것이 아니라, 국기하강식을 기점으로 거대한 함성이 터져 나왔다.

강철안에 따르면 국기하강식이 시작되자, 거리를 메우고 있던 학생과 시민들은 모두 약속이라도 한 듯 그 자리에 멈춰 섰다. 모두가 국기를 향해 가슴에 손을 얹고 애국가를 따라 불렀다. 이 순간만큼은 경찰도 시민도 없었다. 그러나 이 고요함은 폭풍전야와 같았다. 애국심과 독재에 대한 분노가 뒤섞인 복잡한 감정이 침묵 속에서 들끓고 있었다.

“동해물과 백두산이……”

애국가가 끝나기 무섭게, 멈춰 있던 세상이 폭발하듯 움직이기 시작했다. 강철인은 바로 그 슈간, 사람들이 부영극장 앞으로 뛰쳐나가며 “독재 타도!” 구호를 외치기 시작했다고 기억한다. 결국 국기하강식은 시위의 중단이 아닌, 항쟁의 시작을 알리는 신호탄이었다. 국가에 대한 존중과 국가 권력에

광복동의 청년학생들(2020)/정성길 作

대한 저항이라는, 모순되면서도 뜨거운 마음이 한자리에서 폭
발한 그 순간은 부마항쟁의 가장 상징적인 풍경으로 남았다.

5. 첫 번째 국면: 시민들, 거리의 주인이 되다

해가 지고 퇴근길 인파가 쏟아져 나오면서, 거리의 주인공
이 바뀌기 시작했다. 낮 동안의 시위가 학생들의 '외침'이었다

면, 밤의 시위는 보통 사람들의 거대한 '폭발'이었다. 시민들이 합류하면서 구호도 달라졌다. "김영삼 총재 제명을 철회하라!"라는 정치적 구호와 함께, "부가가치세를 철폐하라!"라는 먹고사는 문제에 대한 절박한 외침이 터져 나왔다. 이는 유신 독재에 대한 분노가 특정 계층의 것이 아니라, 부산시민 모두의 삶을 짓누르는 문제였음을 보여 준다.

시위는 이제 '항쟁'으로 거칠게 변모했다. 시위대는 수백 명 규모로 남포동과 광복동 일대에 결집하여 경찰의 곤봉에 돌과 병으로 맞섰고, 가로수 지지대를 뽑아 들고 저항했다. 경찰이 최루탄을 난사하고 곤봉을 휘둘러 시위대가 피투성이가 되자, 지켜보던 시민들의 분노는 더욱 커졌다. 그들은 더 이상 방관자가 아니었다. 최루가스로 괴로워하는 시위대에게 화장지를 던져 주는가 하면, 고층 건물에서는 경찰을 향해 연탄재를 집어던지고 유리병과 돌멩이를 퍼부었다. 시위는 시민들의 보호와 지지 속에서 도시 전체의 저항으로 번져 나가고 있었다.

6. 두 번째 국면: 공권력을 심판하다

밤 8시 25분, 항쟁은 새로운 국면으로 접어들었다. 쫓기던 사냥감이 사냥꾼으로 돌변한 것이다. 신창동에 집결한 군중은 중부경찰서의 병력수송차량을 발견하고 돌을 던져 반파시키고 경찰들에게 중경상을 입혔다. 그리고 8시 50분, 부영극장과 창선동 일대에 집결한 500여 명의 시위대는 마침내 공권력의 초소인 남포파출소로 향했다. 그들은 유리병과 벽돌, 돌멩이를 퍼부어 파출소를 박살 냈다. 밤 9시경부터는 저항이 더욱 격렬해져, 시위대는 도로 건너편에 있던 경찰 순찰차와 병력 수송용 트럭, 순찰 오토바이에 불을 질렀다.

항쟁 이후 처음으로 벌어진 경찰 시설에 대한 직접 공격이었다. 유리창 깨지는 소리, 차량의 폭발음, 수십 미터 높이로 치솟은 불길이 내뿜는 연기와 매캐한 냄새가 최루탄 가스와 뒤섞여 30분 동안이나 남포동 일대를 뒤덮었다. 시위대는 파출소에 걸린 박정희 대통령의 사진을 떼어 내 짓밟고 불태우며 독재에 대한 적개심을 그대로 드러냈다. 이 사진은 시위 군중과 시민들에게 엄청난 충격을 주었고, 항쟁은 걷잡을 수 없는 상태로 치닫기 시작했다.

밤 9시 50분을 넘어서자, 시위는 중구 전역을 넘어 서구의 주요 지역으로 확산되었다. 파출소 등 공권력의 상징을 파괴

남포파출소를 공격하는 시위대(2025)/곽영화 作

하는 것이 야간 시위의 주요 양상이 되었다. 시위대는 파죽지세였다. 경찰 저지선을 뚫고 국제시장과 대청로를 따라 북진하거나, 자갈치시장을 거쳐 서쪽으로 향했다. 그들은 때로 행로를 바꾸고, 대열을 분산했다가 다른 시위대와 합세하는 등 변화무쌍한 게릴라 전술로 경찰을 따돌렸다.

특히 눈에 띄는 것은 언론사를 향한 분노였다. 시위대는 정권의 나팔수 역할만 하는 언론에 분노하며 부산 MBC 방송국과 TBC 취재 차량을 공격했다. 그러면서도 유일하게 비판적 목소리를 내던 CBS 방송국은 공격하지 않았다.[4] 이는 시민들

---

4   『부마민주항쟁 진상조사보고서』, 169쪽.

의 분노가 결코 맹목적인 파괴가 아니었음을 증명한다.

　경찰은 밤 10시부터 통행금지를 실시한다고 발표했지만, 이는 오히려 불에 기름을 붓는 격이었다. 바로 그 시각부터 파출소 파괴는 본격적으로 시작되었다. 10시 부평파출소를 시작으로 다음 날 새벽까지 보수, 초장, 부민, 중앙동, 충무동, 흑교, 완월, 아미파출소 등 중구와 서구의 파출소 11곳과 경남도청이 시민들의 분노 앞에 차례로 공격을 받았다.

7. 부산대학교의 긴급 교수회의

　10월 16일 저녁, 시위가 격화되자 부산대학교 당국은 긴급 교수회의를 소집했다. 교수들은 회의가 열리는 시습관으로 무거운 발걸음을 옮기고 있었다. 서로의 마음을 읽기라도 한 듯 말이 없었지만, 그날 학생들의 행동에 대해 조용한 지지를 보내는 분위기였다. 하지만 앞으로 사태가 어떻게 번질지 모르는 답답함이 회의실을 감돌았다. 이윽고 모습을 드러낸 박기채 총장은 떨리는 목소리로 입을 열었다.[5]

5　『부마민주항쟁 10주년 기념 자료집』, 127쪽.

인류 역사 이래 청년들은 늘 이런 과격한 행동을 해 왔습니다. 저와 교수님 여러분들은 학생 지도에 최선을 다했습니다만, 오늘과 같은 불행한 사태가 발생했기 때문에 사태 수습을 위해 최선을 다해 주십시오.

이대우 교수는 당시 박기채 총장을 두둔하며 이렇게 회상했다. "그는 학생이나 교수를 탓하지 않았습니다. 침통한 분위기 속 짧은 연설이었지만, 학생들을 이해하고 사태를 품으려는 노(老) 총장의 진심이 고스란히 드러나는 순간이었죠."

그러나 총장의 이러한 진심 어린 노력은 서슬 퍼런 유신 정부에 의해 부정되는 듯했다. 저녁 7시 50분, 박찬현 문교부 장관이 허겁지겁 부산대학교를 찾아왔다. 그는 박기채 총장을 만난 뒤 효원회관에 교수들을 모아 놓고, 사태를 품으려던 총장의 의중과는 '전혀 다른' 말을 쏟아 냈다.

"부산대학교 교수들은 시대가 바뀌었는데도 오래된 누런 노트로 강의를 하고 있다. 이번 사태는 전적으로 교수 여러분들의 책임이다. 어용이 무엇이 두려운가. 자랑스러운 어용이 돼라!"

그러나 그의 연설은 끝을 맺지 못했다. 비서관이 헐레벌떡 뛰어 들어와 건넨 쪽지 때문이었다. '창선동 파출소가 학생들에게 불타고 있다'는 소식에 박 장관의 얼굴은 하얗게 질렸다.

그는 연설도 마치지 못한 채 꽁지 빠진 닭처럼 황급히 밖으로 나갔다.[6] 이 소란이 끝난 그날 밤 10시, 부산대학교는 박기채 총장 주재의 교수회의를 통해 임시 휴교를 결정했고, 이 결정은 다음 날인 10월 17일부터 즉시 시행되었다.

6   위의 자료집, 127쪽.

유신 7주년, 유신을 심판하다

10월 16일의 거대한 함성은 하룻밤으로 끝나지 않았다. 박정희 정권은 부산대학교에 임시 휴교령을 내리고 경찰력을 총동원해 항쟁을 억누르려 했지만, 한번 터져 나온 분노의 불길은 더욱 격렬하게 타올랐다.

1. 아이러니한 기념식

아이러니하게도 1979년 10월 17일은 박정희가 비상계엄으로 민주주의를 짓밟고 유신헌법을 선포한 지 정확히 7년째 되는 날이었다. 그날 오전 10시, 부산시민회관에서는 '10월 유신 7주년 기념행사'가 열리고 있었다. 이날 행사에는 최석원 부산시장 등 부산의 각 기관장과 각 사회단체 대표·각급학교장·교사·새마을지도자·일반 시민 등 2,500명이 참석했다. 그들은 "유신으로 총화단결을 더욱 공고히 하자"는 결의문을 채택하며 정권에 대한 충성을 과시했다.

이 자리에서 최 시장은 "10월 유신은 자주·자립·자위의 주체 의식으로 내·외의 시련과 도전에 능동적으로 대처함으로써 우리 생활이 모든 분야에서 비약적인 발전을 이룩할 수 있는 원동력이 됐다"고 말하고 "자원 파동과 북괴의 무력 침략 야욕이 계속되고 있는 상태에서 우리는 유신 총화로 국력을 더욱 조직화하고 국론을 통일해서 자주국방과 자립경제로 향한 이정표를 세워 나가야 한다"고 강조했다.

이어 참석자들은 "우리는 총화단결을 더욱 공고히 하여 민족사적 정통성을 수호함은 물론 언제 어디서나 나라와 겨레의 소명이라면 기꺼이 신명을 바쳐 충성을 다할 것을 굳게 다짐한다"는 등 3개 항의 결의문을 채택했다.[1] 하지만 바로 그 시각, 회관 밖 거리의 민심은 정반대의 방향으로 폭발하고 있었다.

2. 휴교령에도 계속된 부산대 학생의 시위

10월 17일, 전날의 함성이 채 가시지 않은 부산대학교 교정은 이른 아침부터 삼엄한 기운에 휩싸였다. 경찰은 밤새 시

1　《부산일보》, 1979.10.17.

위 주동자 색출 작업을 벌이는 한편, 900명이 넘는 병력을 교문 주변에 투입해 원천 봉쇄에 나섰다. 하지만 휴교령을 알지 못한 학생들은 속속 학교로 모여들었다. 휴교 소식을 모른 채 등교하던 기계공학과 3학년 이병열은 구정문 부근에서 사복 경찰에게 붙잡혔다.[2] 전날 시위에 참여했던 그의 얼굴을 기억하고 있었던 것이다. 그는 그대로 동래경찰서로 연행되었다.

오전 9시 30분, 교문 앞에 모인 학생이 1,000명에 가까워지자 학교 당국은 다급히 해산을 종용했다. 300여 명이 흩어졌지만, 남은 700여 명의 학생은 해산을 거부하고 구정문을 중심으로 대오를 형성했다. "유신 철폐!" 구호와 노래가 다시 거리에 울려 퍼졌다.

10시 20분, 700여 명의 학생은 스크럼을 짜고 온천장으로 향했다. 금정초등학교를 거쳐 금강식물원으로 향하던 시위대는 시경 기동대의 공격을 받았다. 격렬한 접전 끝에 온천사거리에 이르렀지만, 이 과정에서 여러 학생이 연행되었다.

그러나 불씨는 꺼지지 않았다. 11시 18분, 온천장 인근에 이르자 흩어졌던 학생들이 다시 합류했고, 대열은 700여 명으로 불어났다. 온천극장 앞과 조흥은행 앞에 나뉘어 시위를 벌이던 학생들은, 11시 45분경 4개 중대의 경찰 병력이 포위망

---

2   『부마민주항쟁 진상조사보고서』, 232쪽.

을 좁혀오자 흩어지기 시작했다. 그들의 입에서는 새로운 약
속이 외쳐졌다.[3]

"오후 2시, 남포동에서 다시 모이자!"

3. 동아대 학생들 일어서다!

부산대학교에서 타오른 불길은 하룻밤 만에 부산의 유명 사
학, 동아대학교로 번져 나갔다. 사실 동아대 캠퍼스는 이미
폭발 직전의 화약고와 같았다. YH 사건과 김영삼 총재 제명
사건을 거치면서 학생들 사이에서는 유신 독재에 대한 불만이
들끓고 있었고, 일부 학생들은 교련 시간을 이용해 시위를 일
으키려는 구체적인 계획까지 논의하고 있었다.

이런 상황에서 전해진 10월 16일 부산대의 시위 소식은 결
정적인 기폭제 역할을 했다. 이미 일부 학생들이 전날 밤 남
포동 시위에 합류했던 터라, 17일 아침 동아대 캠퍼스는 겉으
로 보이는 평온함 속에 뜨거운 열기와 긴장감이 감돌고 있었
다.

17일 오전, 법학과와 정치외교학과 학생들을 중심으로 "오

3   『부마민주항쟁 진상조사보고서』, 171쪽.

늘 정오, 도서관 앞에서 모이자"는 약속이 급박하게 퍼져 나갔다. 10시가 지나자 학생들이 하나둘 도서관 앞으로 모여들기 시작했다. 때마침 운동장에서 교련 수업을 받던 1학년 학생들 사이에서도 불만이 터져 나왔다. 팽팽한 시국을 의식한 교관이 학생 통제를 강화하자, 이에 반발한 학생들이 수업을 거부하고 도서관 쪽으로 합류하면서 순식간에 수백 명의 학생이 모여들었다. 이때가 11시경이었다. 도서관 집회를 이끌어 낸 학생은 법학과 2학년 강명규였다. 법학과 2학년 김백수는 이동관, 유덕열, 이정규 등도 이 움직임에 적극 가담했다고 증언했다.[4]

정오가 되자, 한 학생이 앞장서 교가를 부르기 시작했고, 잔디밭은 이내 "유신 철폐!"를 외치는 함성으로 가득 찼다. 깜짝 놀란 학생처장을 비롯한 수십 명의 교수가 달려 나와 "해산하지 않으면 징계하겠다"고 엄포를 놓으며 학생들을 한 명씩 떼어 내기 시작했다. 오후 1시경, 교무처장의 "모든 책임은 학교가 질 테니 강의실로 돌아가라"는 교내 방송이 울려 퍼지고 주동 학생들이 격리되면서, 1시간가량 이어진 첫 시위는 일단 소강상태로 접어들었다.

하지만 불씨는 꺼지지 않았다. 교수늘의 만뷰에도 흩어지

---

4   『부마민주항쟁증언집: 부산편1』, 95~96쪽.

지 않았던 학생들은 오후 1시 30분, 교련 수업을 거부한 2학년 학생들을 중심으로 다시 뭉쳤다. 강의실을 뛰쳐나온 학생들까지 합세하면서 시위대는 순식간에 1,500여 명으로 불어났다.

"교문으로!"

누군가 외치자, 거대한 대열이 교문으로 향했다. 이미 교문 밖을 막고 있던 경찰은 최루탄을 쏘며 교내로 난입했다. 자욱한 최루탄 연기와 함께 경찰의 무차별적인 곤봉 세례가 시작되었고, 학생들은 본관과 도서관 쪽으로 쫓겨 올라가거나 산으로 피신해야 했다. 교수들과 학생 대표의 설득으로 경찰이 일단 교문 밖으로 물러난 뒤, 오후 2시 30분경 학생들은 다시 도서관 앞에 1,000여 명 규모로 집결하여 애국가를 부르며 연좌시위를 이어 갔다.

교수들의 집요한 해산 종용과 경찰의 계속되는 연행 시도 속에서, 학생들은 교문을 통한 가두 진출이 불가능하다고 판단했다. 그때, 누군가 외쳤다.

"6시, 남포동 부영극장 앞에서 다시 모이자!"

이 약속을 신호로 학생들은 각자 흩어져 학교를 빠져나가기 시작했다. 많은 학생이 구덕산을 넘고, 인근 경남고등학교 담을 넘어 탈출했다. 오후 2시 15분경, 하단 캠퍼스에 있던 공대생 200여 명이 본교 시위에 합류하기 위해 달려왔지만, 경찰의 저지로 발길을 돌려야 했다.

오후 5시경, 대부분의 학생이 빠져나간 캠퍼스는 다시 정적에 휩싸였다. 하지만 그것은 끝이 아니었다. 부산대 학생들에 이어 동아대 학생들까지 거리로 나서면서, 10월 17일 부산의 밤은 전날보다 훨씬 더 뜨겁고 격렬한 항쟁의 밤을 예고하고 있었다.

4. 10월 17일, 거대한 도시의 반란

10월 17일 밤, 부산의 거리는 전날과 비교할 수 없을 정도로 격렬한 함성으로 들끓었다. 이날의 시위에는 부산대, 동아대는 물론 고신대, 수산대 등 다수 대학의 학생들이 참여했고, 퇴근길 시민들이 대거 합류하면서 그 양상은 거대한 도시의 반란으로 폭발했다.

저녁 6시 30분, 남포동 일대에서 다시 타오른 불씨는 순식간에 도시 전체로 번져 나갔다. 시위대는 전날의 경험을 바탕으로 더욱 대담하고 조직적으로 움직였다. 경찰의 저지에 부딪히면 미로 같은 골목으로 흩어졌다가, 약속이나 한 듯 다른 곳에서 더 큰 대열로 재결집하기를 반복했다. 그리고 저녁 7시 40분, 500여 명의 시위대가 충무동 파출소를 공격해 파괴하면서 항쟁은 돌이킬 수 없는 국면으로 접어들었다. 밤 8시를 넘어서면서, 부산은 동과 서, 그리고 북쪽으로 향하는 세 개의 거대한 저항 물결로 뒤덮였다.

대청사거리에서 영선고개를 넘은 시위대는 파죽지세로 동구를 휩쓸었다. 그들은 대청2파출소를 시작으로 초량 지역의 파출소 3곳을 연달아 파괴했다. 1,000여 명으로 불어난 시위대는 동부경찰서를 공격하고, 정권의 나팔수였던 KBS 부산방송국에 들어가 기물을 파손했다. 이들의 분노는 중앙로를 따라 시청으로 향하면서 부산일보사와 부산 MBC 방송국에도 투석 공격으로 이어졌다. 독재의 눈과 귀 역할을 하던 언론이 시민의 심판대에 오른 것이다.

국제시장에서 서쪽으로 향한 시위대는 충무동, 토성동, 부민동을 거쳐 구덕운동장까지 나아갔다. 이들의 목표는 명확했다. 부민파출소, 흑교파출소, 보수파출소 등 파출소는 물론, 경남도청, 중부산세무서, 서구청 등 유신체제를 떠받치던 모든 관공서가 공격 대상이 되었다. 특히 흑교파출소에서는 시위대가 박정희 대통령의 사진을 끌어내 길바닥에서 짓밟고 불을 질렀다.

일부 학생들은 버스를 타고 부산의 가장 큰 번화가인 서면으로 향했다. 밤 9시 25분경, 100여 명의 학생이 태화극장 앞에서 "유신 철폐!"를 외쳤으나, 잠복해 있던 사복경찰에 의해

10여 분 만에 해산되었다.

하지만 시내 중심가의 저항은 꺼지지 않았다. 밤 9시 55분경 남포파출소는 시위대에 의해 파괴되고 불길에 휩싸였다. 밤 10시 10분에는 미 문화원 앞에서 시위 현장을 살피던 군 지휘관의 차량 3대가 시민들에게 둘러싸여 박살 나는 상징적인 사건이 벌어졌다. 분노는 이미 통제 불능 상태였다.

이날의 마지막 저항은 자정을 넘어서까지 계속되었다. 진압을 위해 군 병력까지 출동했고, 군경의 대대적인 수색 작전이 18일 새벽 1시 30분이 되어서야 끝났다. 유신 7주년의 밤, 부산은 청년학생과 시민들의 손에 의해 반유신 저항의 도시가 되어 불타올랐다.

5. 서울의 유신 7주년 만찬: 축제에서 비상으로

부산의 거리가 최루탄과 함성으로 뒤덮이던 10월 17일 저녁, 서울의 청와대 영빈관에서는 전혀 다른 세상이 펼쳐지고 있었다. 박정희 대통령을 비롯한 정부 고위 관료와 여당 의원들은 유신 7주년을 지축히는 민친을 즐기고 있있다. 식사가 끝나자 여흥이 시작되었다. 학사 가수 이한필의 사회로 현인 등 원로 가수들의 공연이 이어졌다. 분위기가 무르익자, 최영철 의원의 제안으로 공화당과 유정회 의원들의 즉석 노래자랑 대결이 펼쳐졌다. 최재구 의원은 〈짝사랑〉, 최영철 의원은 〈엽전 열닷냥〉, 천병규 의원은 〈울어라 기타여〉를 불렀다. 좌중에는 폭소가 터지는 등 화기애애한 분위기가 계속되었다.

하지만 이 분위기는 저녁 8시경, 부산의 급보를 들고 나타난 구자춘 내무부 장관으로 인해 순식간에 깨졌다. 구 장관은 박 대통령에게 귓속말로 부산의 시위가 걷잡을 수 없이 격화되고 있음을 보고했다. 보고를 받은 박 대통령은 크게 분노하며 얼굴이 굳어졌고, 만찬은 예정보다 이른 9시경 급하게 마무리되었다. 축제는 끝났다. 싸늘하게 식어 버린 만찬장의 분위기는 유신체제의 격변을 예고하는 듯했다. 그날 밤 9시 15분, 박 대통령은 결국 부산지역에 비상계엄령을 선포하기로 결정했다.

6. 또 다른 섬의 불안: 대만, 거울을 들여다보다

부산의 함성이 청와대의 축제를 멈추게 만들었던 바로 그 시각, 바다 건너 대만의 수도 타이베이에서도 보이지 않는 전쟁이 벌어지고 있었다. 한국의 유신체제와 유사한 권위주의 체제였던 대만의 국민당 정권 역시 부산의 상황을 예의주시하고 있었다. 그들의 불안을 증폭시킨 것은 대만 민주화운동의 상징이었던 잡지 《메이리다오(美麗島)》 2호에 실린 한 편의 기사였다. 제목은 "한국 경제 기적의 신화를 밝힌다(揭秘韓國經濟奇蹟的神話)".[5] 박정희식 개발독재 모델의 허상을 정면으로 겨냥한 글이었다.

이 기사는 한국의 경제 성장이 농촌과 농민을 철저히 희생시키고 통제하며 이룩한 '만들어진 신화'라고 비판했다. 특히 유신정권의 상징적 성공 사례였던 새마을운동을 농촌 근대화가 아닌, 농민을 통제하고 공업화를 위한 자원을 착취하기 위한 고도로 계산된 정치적 도구였다고 날카롭게 지적했다.

박정희 정권과 유사한 길을 걷던 국민당 정권에게 이 기사는 남의 나라 이야기가 아니었다. 주(駐)대만 한국대사관의 항의를 명분 삼아, 국민당 정부는 부산에서 항쟁의 불길이 최고조에 달했던 바로 그 10월 17일, 공안당국 회의를 열어 《美麗島》 잡지의 폐간을 검토하는 등 본격적인 탄압을 시작했다. 부산의 거리에서는 개발독재의 '결과'에 대한 분노가 폭발하고 있었고, 타이베이 공안당국의 회의실에서는 그 '신화'에 대한 비판을 억누르기 위한 음모가 진행되고 있었던 것이다.

국민당 정권의 딘입은 오히려 민주화 운동가늘을 더욱 결집

---

5   臺灣民主運動支援會, 《民主臺灣》, 1981.5. 편집자의 글 참조.

시키는 계기가 되었다. 그리고 이 불안과 긴장은 결국 두 달 뒤인 12월 10일, '메이리다오' 관계자들이 주도한 민주화 시위, 즉 '가오슝 사건'으로 폭발하게 된다. 부산의 불길은 단순한 화염이 아니었다. 그것은 바다 건너 또 다른 독재정권의 심장부까지 태워 버릴 수 있는 혁명의 예고편이었다.

부산에 비상계엄 선포

1. 무리한 결정: 비상계엄 선포의 내막

1979년 10월 17일 밤, 부산의 거리가 시민들의 함성으로 뒤덮이자 청와대는 긴박하게 움직였다. 비상계엄 선포는 이미 정해진 수순이었고, 국무회의는 그저 요식행위에 불과했다.

사실상 모든 결정은 공식 절차인 국무회의 이전에 이미 끝났다. 저녁 9시 15분, 박정희 대통령은 청와대에서 비서실장, 경호실장, 중앙정보부장, 각 군 총장 등을 소집하여 긴급 간담회, 이른바 '서재회의'를 열었다. 각 군 총장이 모두 참석했다는 사실 자체가 이 회의의 목적이 군대 투입, 즉 계엄 선포임을 보여 주는 것이었다. 이 자리에서 '부산지구 비상계엄 선포'는 사실상 결정되었다.[1]

'서새회의'가 끝난 밤 11시 30분, 중앙청에서 최규하 국무

---

[1] 『부마민주항쟁 진상조사보고서』, 205쪽.

총리 주재로 임시국무회의가 소집되었다. 하지만 이는 이미 내려진 결정을 추인하는 형식적 절차에 불과했다. 이 자리에서 김치열 법무부 장관이 유일하게 반대 의견을 냈다.[2] 그는 "부산의 시위는 김영삼 의원 제명의 후유증이자, 시민 감정의 폭발"이라며 사태의 본질을 정확히 짚었다. 이어 계엄 선포가 정부의 무능만 노출할 것이라며 유보를 간곡히 호소했다. 그러나 그의 용기 있는 반대는 묵살되었다. 회의는 개회 10분 만에 부산지역 비상계엄령 선포안을 일사천리로 가결했다.

모든 것은 각본대로 흘러갔다. 국무회의가 끝나자마자 밤 11시 40분, 김성진 문공부 장관은 기자실에서 "18일 0시를 기해 부산시 일원에 계엄령을 실시한다"고 발표했다. 이 모든 것이 요식행위였음을 입증하는 가장 결정적인 증거는, 임시 국무회의가 열리기도 전인 밤 9시 30분경, 이미 군수사령관 박찬긍 중장이 육군참모총장으로부터 자신이 부산 계엄사령관으로 임명될 것이라는 통보를 받았다는 사실이다. 국무위원들이 채 모이기도 전에 계엄을 집행할 계엄사령관은 이미 정해져 있었던 것이다.[3]

비상계엄 선포는 당시 국무회의 내부에서조차 무리한 결정

---

2   위 보고서, 418쪽.
3   위 보고서, 205쪽.

으로 받아들여졌다. 회의가 끝난 후, 구자춘(내무), 노재현(국방), 박찬현(문교) 등 관계 장관들조차 개인적으로는 "비상계엄을 선포할 만한 사태는 아니었다"고 판단했던 것으로 전해진다. 훗날 부마민주항쟁진상규명위원회는 최종보고서를 통해, 당시 계엄 선포가 헌법과 계엄법의 요건을 갖추지 못한 위법적인 조치였음을 명확히 했다.[4]

결국, 모든 절차는 요식행위에 불과했다. 시민들의 저항을 "탱크로 밀어 버리면 된다"고 떠들어 댄 차지철 경호실장의 강경론에 따라 박정희 대통령이 비상계엄을 결심했고, 대한민국의 정국은 독재자의 의지대로 흘러가고 만 것이다.

2. 박정희 대통령의 마지막 담화문

1979년 10월 18일 0시, 박정희 대통령은 부산직할시 전역에 비상계엄을 선포했다. 계엄사령관으로 임명된 박찬긍 육군 중장은 즉시 시민의 모든 자유를 억압하는 내용의 계엄사령부 포고문 제1호를 발표했다. 포고문의 핵심 내용은 다음과 같다.

---

4   『부마민주항쟁 진상조사보고서』, 419쪽.

- 모든 집회 및 시위 금지 (관혼상제 등 예외)

- 언론, 출판, 보도, 방송에 대한 사전 검열 실시

- 모든 대학에 대한 휴교 조치

- 유언비어 날조 및 유포 엄금

- 정당한 이유 없는 직장 이탈 및 태업 금지

- 야간 통행금지 시간 확대 (밤 10시~새벽 4시)

- 포고 위반 시 영장 없는 체포, 구금, 수색 가능

- 정상적인 경제 활동은 최대한 보장

이 포고문은 헌법에 보장된 국민의 기본권인 집회, 언론, 신체의 자유 등을 일시에 정지시키고, 군이 모든 공권력을 장악하여 항쟁을 무력으로 진압하겠다는 선언이었다.

부산시청 앞 탱크 · 장갑차와 집총한 계엄군(1979. 10. 18.) 출처:《부산일보》

계엄 선포 10시간 뒤인 오전 10시, 박정희 대통령은 라디오와 TV를 통해 특별 담화를 발표하며 계엄의 정당성을 주장했다. 담화의 핵심 논리는 '외부의 위협'을 강조하며 시위대를 '불순분자'로 규정하는 것이었다. 그는 먼저 북한의 위협과 어려운 국제 정세를 언급하며 국가 안보의 중요성을 역설했다. 그러면서 부산의 시위를 다음과 같이 규정지었다.

> 지각없는 일부 학생들과 이에 합세한 불순분자들이 이 엄연한 국가 현실을 망각 외면하고 공공질서를 파괴하는 난폭한 행동으로 사회 혼란을 조성하여 …… 사태는 마침내 '난동 소요'로 화했다고 판단되기에 이르렀습니다.

박 대통령은 시민들의 민주화 요구를 '반국가적, 반사회적 행동'으로 폄하하고, 시위 참여자들을 '발본색원'해야 할 대상으로 지목했다. 또한, 그는 담화의 마지막 부분에서 "우리의 유신 헌정은 거듭된 국민적 합의에 의하여 선택 정립된 것"이라며 유신체제의 정당성을 재차 강조했다. 이는 계엄 선포의 궁극적인 목적이 단순히 질서 회복을 넘어, 시민들의 저항을 억누르고 유신 독재 체제를 수호하는 데 있음을 냉백히 드러낸 것이다.

3. 김재규 · 전두환의 '강경 진압' 명령

18일 아침부터 김재규 중앙정보부장과 전두환 보안사령관이 잇따라 부산을 찾았다. 이들은 부산의 항쟁을 '반국가적 난동'으로 규정하고 무자비한 진압을 지시했다. 오전 8시 30분 계엄관계관 회의에서 김재규 중앙정보부장은 "시위 배후에 불순세력이 있다. 군에 대항하는 자는 적으로 간주하라"며 수사기관의 실책에 대해서는 엄중한 책임을 물을 것이라고 경고했다.[5]

오후 12시 20분경 계엄사를 방문한 전두환 보안사령관은 최세창 3공수여단장 등 핵심 인물들을 만나 "초기 진압 작전이 가장 중요하며, 군이 개입한 이상 강력한 수단을 사용해야 하"고, "차량 시위 작전을 전개하여 군의 위세를 과시"해 "데모 확산을 저지해야한다"는 방침을 전달했다.[6]

오후 4시 청와대에선 박정희 대통령이 안보회의를 통해 "조직적인 배후를 철저히 규명하라"고 지시한 뒤, 계엄사령관에게 직접 전화해 "초동 작전이 중요하며 최루탄을 충분히 사용하라"고 강하게 독려했다. 박정희 대통령의 지시인지 확인되지 않았지만 시위 진압에 나서는 계엄군은 착검(총에 칼을 꽂

---

5   『부마민주항쟁 진상조사보고서』, 226쪽.
6   위 보고서, 226쪽.

는 행위)까지 허용되었다.[7]

4. 계엄군, 부산을 점령하다

부산 전역에 비상계엄이 선포되면서 모든 집회와 시위가 금지되고, 언론은 검열을 받아야 했다. 대학에는 휴교령이 내려졌고, 탱크와 장갑차를 앞세운 공수부대와 해병대가 도시에 진주했다. 그렇게 부산은 계엄군의 작전 도시로 변모했다. 탱크와 장갑차를 앞세운 정예 병력은 단순한 시위 진압을 넘어, 도시 전체를 마비시키고 시민들에게 극도의 공포감을 심어 주기 위한 군사 작전을 펼쳤다.

부산에 투입된 병력은 일반 부대가 아닌, 강경 진압 작전으로 유명한 공수특전여단(공수부대)과 해병대였다. 19일까지 부산에 집결한 군 병력은 총 9,227명에 달했으며, 그중 절반이 넘는 4,624명이 특전사였다. 더욱 주목할 점은 이들을 지휘한 인물들이다.

　　－ 제1공수여단장: 박희도 준장

7　　위 보고서, 227쪽.

– 제3공수여단장: 최세창 준장

– 제5공수여단장: 장기오 준장

　모두 전두환을 중심으로 한 군내 사조직 '하나회'의 핵심 멤버이거나 깊은 관련이 있는 인물들이었다. 이들은 불과 두 달 뒤 12 · 12 군사반란을 주도하여 정권을 찬탈했으며, 특히 최세창이 지휘한 3공수여단은 7개월 뒤 광주 5 · 18민주화운동 당시 가장 잔혹한 진압을 자행한 핵심 부대가 되었다. 결국 부마항쟁 진압은 훗날 신군부 세력이 될 인물들이 국가의 군대를 동원해 자국민을 억압하는 '예행연습'이었던 셈이다.

계엄군의 편성

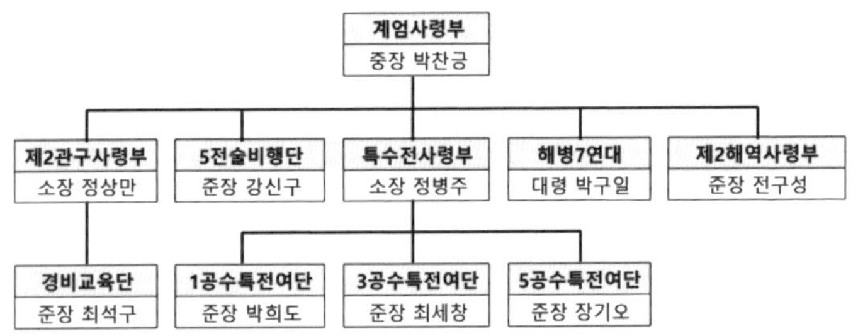

출처:『부마민주항쟁 신상조사보고서』, 214쪽.

10월 19일 부산 지역 계엄사령부 작전 병력 현황

(단위:명)

부대		장교	사병	계
계엄사령부		234	345	579
2관구사령부		251	1,620	1,871
특전사령부	사령부	27	59	86
	1공수특전여단	265	1,261	1,526
	3공수특전여단	267	1,284	1,551
	5공수특전여단	254	1,207	1,461
	소계	813	3,811	4,624
해병1사단 제7연대		107	2,046	2,153
군 병력 소계		1,405	7,822	9,227
경찰		50	1,809	1,859
총계		1,455	9,631	11,086

출처:『부마민주항쟁 진상조사보고서』, 215쪽.

5. 《아사히신문》 기자가 본 '계엄 아래의 부산'[8]

비상계엄이 선포된 18일, 부산은 완벽한 군사 작전 도시로 변모했다. 3공수여단과 해병대기 도착하자마자 수백 내의 군

---

8   《朝日新聞》, 1979.10.19.

용차량에 나눠 탄 수천 명의 병력이 시내 전역을 누비는 대대적인 '차량 위력 시위'를 벌였다. 남포동 등 시위가 빈발했던 16개 지점에는 탱크와 장갑차가 위압적으로 배치되었고, 시내 주요 시설 36개소에는 총에 칼을 꽂은 착검(着劍)한 경계 병력이 깔렸다. 도시 전체가 거대한 군사 기지처럼 변해 버렸다. 계엄 아래의 부산을 생생하게 보도한 기자는 《아사히신문》 소속 후지다카 아키라(藤高明)였다. 아래는 일본 기사를 번역한 것이다.[9]

거리의 한가운데 진을 치고 있는 전차, 무장병을 가득 태운 군용트럭이 경적음을 울리면서 시내를 질주하고 있다. 비상계엄령이 포고된 직후의 18일 부산에 파견된 기자의 눈에 비친 것은 군의 완전 제압하에 놓여 있는 거리의 모습이다. 시민들은 이날부터 주인이 된 군의 움직임을 말없이 표정도 없이 지켜보고 있다.

계엄사령부가 설치된 부산시청 앞에는 18일 아침부터 탱크가 출동했다. 그 주위를 얼룩무늬 복장을 한 20~30명의 병사들이 지키고 있다. 착검한 완전 군장, 굳은 표정으로 묵묵히 서 있다. 탱크는 힘의 상징적 표현인 듯하다.

---

9   부마민주항쟁진상규명위원회. 『부마민주항쟁자료집(해외자료)』. 316~317쪽.

시민들도 동일한 생각일 것이다. 장갑차도 나타났다. 겁에 질린 채 멀리 둘러서서 바라다볼 뿐이다. 시청 주변을 중심으로 4대가 배치되어 있다.

시의 중심가에 있는 세무서와 중앙우체국, 시청 등은 일제히 군인이 입구를 지키고 있다. 이번 소요 때 눈엣가시로 비쳐졌던 신문사, 국영 및 민영 방송국에도 얼룩무늬 복장의 군인들이 지키고 있다. 소요의 주역을 담당했던 국립 부산대학교에는 장갑차까지 출동하고 있다. 정문 바로 앞에 장갑차 한 대가 포진해 총구를 밖으로 향하고 있다. 물론 학생들의 저항은 없다.

시내 대로를 시시각각 커다란 경적음을 내면서 병사들을 태운 군용트럭이 질주하고 있다. 타고 있는 사람은 검은 베레모를 쓴 얼룩무늬 복장, 육군 공수부대의 순찰이다.

정면에 기관총을 장착하고, 대원들은 착검한 소총을 소지하고 있다. 약 30미터 간격으로 줄지어 트럭이 이어지고 있다. 전부 40여 대, 한 대당 20명가량 타고 있기 때문에 대단한 투입 인원이다.

국립 부산대학교와 데모 참가를 한 사립 동아대학교의 문을 정기적으로 왕복하고 있디. 트럭이 지닐 때바나 도로 주변의 시민들은 선 채로 꼼짝 않고 있다. 무언의 위협이 되고 있다.

계엄군에 끌려가는 청년학생들(2020)/정성길 作
국제시장 부근에서 작가가 직접 목격

6. 총칼 아래의 항쟁

하지만 이 살벌한 공포 속에서도 청년들의 저항은 멈추지 않았다. 계엄령하의 첫 번째 시위는 부산여자대학(현 신라대)에서 시작되었다.[10]

18일 오전 8시 30분, 휴교령을 알지 못한 700여 명의 학생

10　『부마민주항쟁 진상조사보고서』, 187쪽.

이 교문 앞에 모여들었다. 학교 측의 귀가 종용에도 400여 명의 학생은 흩어지지 않았다. 오전 9시 30분, 그들은 마침내 가두시위를 시작했다. 시위대는 양정로터리를 거쳐 서면으로 행진하며 시민들에게 항쟁의 정당성을 알리는 쪽지를 배포했다. 3㎞ 이상을 행진한 시위대가 서면로터리 노동회관 앞에 이르자, 기다리고 있던 경찰 기동대가 이들을 덮쳤다. 끝까지 해산에 불응하고 저항하던 56명의 학생이 동래경찰서로 연행되었다.

강복희(부산여대 미술학과 3학년)의 구술[11]

당시 시위에 참여했던 미술학과 3학년 강복희는 그날의 상황을 다음과 같이 생생하게 증언한다.

> 휴교령이 내려진 걸 몰랐어요. 학교 가서 알았어요. "왜 못 들어가게 하는데?" 하니까 교수님들이 전부 교문 앞에 나와서 무기한 휴교라고, 따로 연락할 때까지 오지 말라고 하니까 웅성웅성 댄 거죠. 그중에서 누군가는 모르겠지만 "부산 시내 각 대학생이 봉기를 한다는데 우리도 대학생이면서 참가를 안 해가 되겠나?" 뭐 이렇게 분위기가 됐었어요. 그래 갖고 우리도

---

11 부마민주항쟁기념재단, 『2023 부마민주항쟁 구술사료집1』, 2023, 35~36쪽.

나서자. 서면까지 가자. 서면에 가면 또 대학생들이 모인다 하
더라. 갑자기 이렇게 분위기가 확 짜여졌어요.

그러니까 우리 지도교수님 제 곁에서 계속 "침묵시위 해라.
침묵시위 해라. 절대 반대는 안 할 테니까 너희 침묵시위 해
라. 피켓도 들지 말고 일체 소리 지르지 말고 침묵시위 해라.
그것만 해도 큰 효과를 보니까." 하면서 옆에서 같이 걸어가셨
거든요.

그렇게 해서 갔는데 부전 지나 서면 가까이 오니까 이제 까
만 옷 입은 전경인지, 전투경찰이라 해야 되나? 하여튼 앞에
꽉 서가 있고 닭장차들이 막 오고 이랬거든요. 그래 갖고 갑자
기 차에서 막 사람들이 내리더만 몽둥이를 휘두르고 발길질을
하고 이러니까 전부 비명 소리가 날 거 아니에요. 더군다나 여
학생들 겁 많은데. 그래 갖고 막 도망을 치고 이랬는데, 저는
어쩌다가 이제 앞쪽에 있다 보니까 도망칠라 하다가 발길을
그대로 구둣발로 채였어요, 등을. 그때 흰 블라우스 티를 입었
는데 그 구두 발자국을 그대로 집에까지 그대로 들고 갔어요.
근데 정신을 제가 잃었던 것 같아요.

정신을 깨서 보니까 그 근처에 슈퍼 쪼깨난(작은) 구멍가게
하던 아주머니가 내가 쓰러져 가 자기 가게 앞에 있으니까 붙
잡혀 갈까 봐 내를 끄잡아 빼가(끌어다가) 자기 가게로 들여가
숨겨 놓은 거예요. 그래 갖고 이제 정신 차리고 보니까, "애들

은요?" 이러니까, "다 흩어졌다." "잡혀간 애들은요?" "좀 있

어 봐라, 지금 가면 또 잡힐지도 모르니까 좀 있다 가라." 해

갖고 거기 좀 앉아 있다가 그렇게 나온 기억이 있거든요.

성지공업전문대학의 움직임

18일 오전의 두 번째 시위는 성지공업전문대학(구 부산외국

어대 자리)에서 있었다. 9시 10분 성지공전 학생 100여 명이

학교 앞에 모여 30분 이상 결집해 있었다. 이들은 9시 40분,

남부경찰서 병력이 출동하고서야 해산했다.[12]

18일 야간 시위

저녁이 되자 남포동과 서면에서 동시다발적인 시위가 다시

불붙었다. 저녁 7시 20분경, 부영극장 앞에서 300~400명의

시민들이 광복동으로 이동하면서 야간 시위의 막이 올랐다.

남포동과 영주동의 시위대는 군경과의 대치 속에서 후퇴와

결집을 7~8차례나 반복하며 끈질기게 시위를 이어 갔다. 저

녁 7시 55분에는 남포파출소를 공격했고, 밤 8시가 넘자 합동

---

[12] 『부마민주항쟁 진상조사보고서』, 188쪽. 성지공전은 9월 17일경 수
산대와 연대한 반유신 시위를 모의하고 선언문까지 준비했으나 사
전에 발각되어 무산된 일이 있었다. 부마항쟁 때는 계엄 전날 학보
사 기자들이 남포동으로 나가 시위에 가담하기도 했다. 성지공전
학보사 편집국장이었던 S 씨의 구술에 의함(2025.10.27.).

계엄군에 짓밟히는 청년(2020)/정성길 作
국제시장 부근에서 작가가 직접 목격

통신 차량을 파괴했다. 경찰과 달리 공수부대는 공포탄을 쏘며 시위대 속으로 돌격하는 과격한 진압을 펼쳤고, 그들이 휘두르는 개머리판에 수많은 시민이 피를 흘리며 쓰러졌다. 중부경찰서 인근 영주동에서도 300여 명이 시위를 벌이며 군경과 충돌을 거듭했다.

밤 8시 30분, 교통의 요지인 서면 로터리에서는 더욱 극적인 장면이 펼쳐졌다. 통행금지를 앞두고 1만 5천여 명의 인파가 몰려든 가운데, 500여 명의 시위대가 구호를 외치며 시위에 돌입했다. 지켜보던 수많은 시민은 시위대에 박수를 보내며 호응했고, 진압에 나선 해병대를 향해 야유를 보냈다. 이에 격분한 해병대는 시위대를 추격하는 것은 물론, (시위에 가담하지 않고) 길에서 구경하던 시민들까지 무차별적으로 구타하고 체포했다.

이날 밤, 공수부대와 해병대는 다른 군경과는 비할 바 없는 야만적인 폭력으로 시위를 진압했다. 군 당국 스스로 "철저하고 간담이 서늘하게 진압하여 데모 의지를 말살했다"고 평가했을 정도였다.[13] 훗날 정승화 육군참모총장마저 공수부대의 시위 진압 투입이 부적절했음을 시인했다.[14]

강용업(부산대 의예과 2학년)의 구술[15]

당시 시위에 참여했던 부산대의 한 학생 강용업은 그날의 일을 다음과 같이 구술했다.

그날 학교는 안 갔어요. 그날은 계엄령이 내렸잖아요. 이제 그래 가지고 계엄군이 부산 시내에 이제 곳곳에, 특히 남포

13　『부마민주항쟁 진상조사보고서』, 228쪽.
14　위 보고서, 229쪽.
15　『2022 부마민주항쟁 구술사료집1』, 113쪽.

동 이제, 내 생각에 그때 탱크를 본 거 같기도 하고 아닌 거 같기도 하고 그래요. 그래가 이제 공수부대 군인들이 와 가지고 총 메고 살벌했어요, 그날은. 그래 가지고 이제 비슷하게 저녁 무렵 되어 가지고 우리가 시위하러 나왔거든요. 그 국지적으로 산발적인 시위가 있었는데, 나도 거기 동참했거든요, 우리 동창들하고 같이. 그랬는데 너무 무서웠어요. 그날은 군인들이 지나가는 게 아니고, 아, 저 저 경찰이 진압을 하는 게 아니고 공수부대들이 진압을 하니까, 거기서 이 그 부영극장 앞에서 쫓겨 가지고 도망치다가 그 부영극장 길 건너편에 있는 그 주차장으로 쫓겨 들어갔어요. 그래 가지고 내 친구하고 둘이서, 박○○이라는 친구하고 내하고 둘이서 쫓겨 들어가 가지고 거기서 이제 숨을 데가 없잖아요, 그 안에는. 그래 가지고 이제 이 우왕좌왕하고 있는데 공수부대 군인들이 주차장 입구에서 우리를 보더만은 그냥 가더라고. 우리가 더 이상 시위를 하지는 않으니까. 그래 가지고 내 친구하고 나와 가지고 보니까, 분위기가 그때는 너무 살벌한 거야. 잘못하다가는 뭐 죽겠다 싶더라고. 그래 가지고 그날은 산발적으로 시위를 좀 하다가 할 수 없이 이제 집으로 갔죠. 그래서 17, 18일까지는 시위는 계속했어요. 그러니까 적어도 8시 이후, 9시 안 됐겠어요?

7. 계엄군에 의한 도시 봉쇄

1공수와 5공수여단이 추가로 도착하면서 계엄군의 통제는 더욱 강화되었다. 5,500여 명의 병력이 부산역, 시청 등 도심 주요 거점부터 서면, 온천장 등 부도심까지 도시의 혈관이라 할 수 있는 22곳의 주요 지점을 완벽하게 장악했다. 부산은 사실상 계엄군에 의해 완전히 봉쇄되었다.

계엄군은 차량 시위를 넘어, 무장한 군인들이 열을 지어 시가지를 행진하는 '도보 정찰'을 대대적으로 실시했다. 이는 차량보다 훨씬 더 직접적이고 위압적인 공포 분위기를 조성했다. 특히 시위 가능성이 높은 중구, 서구 일대에는 800명이 넘는 3공수여단 병력이 투입되어 골목까지 순찰하며 시민들의 모든 움직임을 감시했다. 압도적인 무력과 무자비한 진압 앞에서, 10월 20일 주말을 기점으로 항쟁의 기세는 점차 꺾일 수밖에 없었다.

부산을 점령한 계엄군의 무력시위는 10월 26일까지 계속되었다. 이 기간 동안 계엄군은 작전을 '일상화'하며 부산시민의 삶을 통제했고, 시간이 지나면서 작전의 양상도 미묘하게 변화했다. 계엄군은 부산을 세 개의 구역으로 나누어 분할 통제했다. 각 부대는 할당된 구역 내에서 지속적인 위력 시위를 벌이며 시민들을 감시했다.

- 1공수여단: 부산진구, 동구, 남구(서면, 부산역 일대)

- 3공수여단: 중구, 서구, 영도구(남포동, 광복동 등 원도심)

- 해병7연대: 동래구, 북구, 수영구(온천장, 부산대 일대)

작전은 여전히 낮보다 밤에 더 큰 규모로 이루어졌으며, 주요 도로와 교통 중심지를 통제하는 방식이 유지되었다. 10월 22일부터는 계엄군의 작전에 새로운 변화가 생겼다. 대학생들의 저항이 소강상태에 접어들자, 고등학생들의 시위 가능성을 사전에 차단하는 데 집중하기 시작한 것이다. 이를 위해 계엄군은 매일 아침과 오후, 고등학생들의 등하교 시간에 맞춰 학교 주변의 교통 요충지에서 보란 듯이 무력시위를 벌였다. 이는 어린 학생들에게 직접적인 공포감을 심어 주어 저항 의지를 꺾으려는 대민 심리전이었다.

시간이 지나면서 대규모 시위가 발생할 가능성이 줄어들자, 계엄군은 작전의 규모를 점차 축소했다. 대기 병력을 늘리는 대신 실제 작전에 투입되는 병력을 줄여 나갔다. 계엄사는 10월 25일, 작전 전환 지침을 내렸다. 이 지침에 따라 10월 26일부터는 전차와 장갑차, 주요 시설의 경계 병력이 철수했고, 고등학생 등하교 시간에 맞춘 무력시위도 중단되었다. 축소된 야간 작전만 유지되면서, 부산을 뒤덮었던 계엄군의 공

포 통치는 서서히 막을 내렸다.[16]

16 『부마민주항쟁 진상조사보고서』, 229쪽.

불길은 마산으로

부산의 불길은 이틀 뒤, 이웃 도시 마산으로 번졌다. 19년 전, 이승만 정권의 부정선거에 맞서 피를 흘렸던 3·15 의거의 도시. 마산은 어떻게 시월 항쟁을 시작했을까?

1979년 10월 18일, 경남대학교 캠퍼스의 분위기는 아침부터 심상치 않았다. 교내 곳곳에 나붙은 "독재자 박정희 파쇼 물러가라!"라는 격문이 팽팽한 긴장감을 자아내고 있었다. 이 격문은 학보사 기자인 이진욱(법학과 1학년)이 17일 밤에 몰래 부착한 것이었다.

삼삼오오 모인 학생들은 부산에서 일어난 데모 이야기를 하며 술렁였고, 이런 분위기 속에서 수업이 제대로 진행될 리 없었다. 상황이 심각하다고 판단한 학교 측은 오후 2시 15분경 기습적으로 무기한 휴교령을 발표했다. 이 조치는 오히려 학생들의 의구심을 증폭시켰다. 강의실 밖으로 쏟아져 나온 학생들 중 일부는 귀가했지만 일부는 도서관 앞 노인정에 모여들었다. 처음에 모인 학생은 100명 정도였다. 학생들은 웅성웅성하기만 했다. 2시 50분이 되자 한 학생이 움직였다. 국제개발학과 2학년 정인권이 노인정 벤치 위로 올라가 소리쳤다.

"여기 있는 자들은 모두 탈을 쓴 돼지다! …… 오늘을 사는 우리들은 옳은 것은 옳고, 그른 것은 그르다고 솔직히 얘기할 수 있는 용기가 필요하다. 이러한 대의를 인식한다면 지금 이 자리에 멍청히 앉아만 있지를 말고 우리의 이상을 과감히 외쳐라."[1]

박정희 유신체제를 비판하는 내용은 한마디도 없었다. 『부마민주항쟁 진상조사보고서』는 정인권의 발언에 대해 "비속어를 섞어 가며 학생들의 자존심을 건드리고 그들의 우유부단함을 질타했다"고 적었다. 그래서였을까. 연설이 끝나자 학생들 사이에서 '와!' 하는 함성이 터져 나왔다.

교문을 향해 움직일 때 학생은 300명으로 늘어났다. 이때가 3시 10분경이었다. 교문 밖에는 이미 경찰이 출동해 있었다. 학생들의 시위를 저지하기 위해 동원된 교직원과 사복경찰, 학생들이 뒤엉켰다. 교문을 사이에 두고 학생과 경찰은 대치했다. 학생들은 운동장으로 돌아가 1,000여 명으로 세를 불렸다. 이들은 다시 교문으로 돌진하며 경찰을 향해 놀을 던지는

---

1   『부마민주항쟁 진상조사보고서』, 281쪽.

등 격렬하게 저항했다. 정문 돌파가 어렵다고 판단한 학생들
은 시위 장소를 마산 민주화의 상징인 '3 · 15 의거탑'으로 옮
기기로 결정했다. 이들은 각자 흩어져 학교를 빠져나가기 시
작했다. [2]

1979년 10월 18일 오후,
경남대 교내에 결집한 학생들을 양복 차림의 남성들이 가로막고 있다.
팔짱을 낀 채 해산을 종용하는 이들은 교직원 혹은 경찰이다.

[2]　『부마민주항쟁 진상조사보고서』, 281~282쪽 참조. 정주신 박사는
　　　10월 18일 경남대에서 제대로 된 교내 시위는 없었다고 주장한다.
　　　참고로 이야기하면 정주신 박사는 부마항쟁 당시 경남대 국제개발
　　　학과 2학년 학생이었다. 정주신, 『10월 부마항쟁사—유신체제의 붕
　　　괴』, 프리마북스, 2017.

오후 4시 30분경, 경남대생 200여 명은 학교를 나와 '유신 철폐' 구호를 외치며 시위를 시작했다. 이들은 창원군청 앞에서 경찰과 충돌한 뒤 산복도로를 따라 행진했으나, 오후 5시경 집결지인 3·15 의거탑은 이미 경찰에 의해 원천 봉쇄된 상태였다. 최갑순, 옥정애 등이 흩어진 학생들을 규합해 구호를 외치는 순간, 사복경찰에 즉시 연행되면서 초기 가두시위 대열은 결국 흩어지고 말았다.[3]

본격적인 마산 도심 시위는 소수의 학생들이 주도한 '선도 시위대'로부터 시작되었다. 동료들의 연행을 목격한 정주신(국제개발, 2학년)은 살벌한 분위기를 감지하고 창동 도심으로 이동했다. 오후 5시 20분경, 그는 창동네거리 조흥은행 앞에서 "자, 이제 나가자!"라고 외치며 시위의 시작을 알렸다. 그의 외침에 주변에 숨어 있던 5~6명이 합류했고, 오동동 불종거리로 이동하면서 시위대는 30명 규모로 늘어났다.

정주신은 이 '선도 시위대'를 이끌며 인도를 따라 이열종대로 행진했다. 그는 '독재 타도', '유신 철폐' 등의 구호를 선창했고, 다른 대원들이 따라 외쳤으며, 〈애국가〉와 〈우리의 소원은 자유〉 등의 노래를 불렀다. 이들의 활동은 도심의 시민들에게 시위가 시작되었음을 알리는 첫 신호였다. 정주신이

---

3   『부마민주항쟁 진상조사보고서』, 284쪽.

이끈 선도 시위대는 곧이어 수많은 시민과 합류하며 마산항쟁의 불길을 지폈다.

오후 6시 40분경, 선도 시위대가 가야백화점에서 불종거리로 돌아왔을 때, 약 2,000명의 군중이 박수를 치며 이들을 맞이했다. 선도 시위대는 천군만마를 얻은 듯 "잘 됐다, 나가자!"라고 외쳤고, 학생과 시민은 하나가 되어 거대한 시위대를 형성했다.[4]

시위가 격화된 결정적 계기는 저녁 7시 직전, 남성파출소 앞에서 경찰이 처음으로 최루탄을 발사하면서부터였다. 이를 기점으로 시위는 시내 전체로 번지는 본격적인 시가전 양상으로 변모했다. 분노한 시민들은 상점과 골목에 숨었다가 다시 나와 보도블록을 깨서 돌을 던지며 격렬하게 저항했고, 일부 상인들은 가게 셔터를 열어 학생들을 숨겨 주는 등 적극적으로 동참했다.

군중 속에서 "공화당사로 가자!"라는 외침이 터져 나오자, 시위대는 경찰 채증을 피하기 위해 "불 꺼라!"라고 외치며 도시를 암흑으로 만들었다. 밤 8시 10분경, 1,000여 명으로 불어난 시위대는 산호동 공화당사 현판을 끌어내 불태우고, 인근 양덕파출소에 난입해 박정희 대통령의 사진을 찢고 불태우

4   정주신, 위의 책, 296~297쪽.

며 독재에 대한 분노를 표출했다.

이후 시위는 조직적인 지휘 없이도 여러 갈래로 흩어져 게릴라전처럼 전개되었다. 시위대는 밤늦게까지 북마산, 회원, 산호파출소 등 8곳의 파출소를 반복해서 공격하고, 마산시청과 세무서를 향해서는 "부가가치세를 철폐하라"고 외치며 돌을 던졌다. 또한 마산경찰서, 법원, 검찰청, 방송국 등 유신 체제를 상징하는 모든 기관이 공격 대상이 되었다.

자체 병력으로 진압이 불가능해지자, 경남도지사는 밤 8시 43분 창원에 주둔하던 39사단과 부산 소재 2관구사령부에 병력 지원을 요청했다. 이에 따라 탱크 3대를 앞세운 39사단 병력이 마산 시내에 투입되어 주요 시설을 장악하고, 경찰과 합동으로 대대적인 진압과 검거 작전을 펼쳤다. 군경의 무력 진압으로 19일 새벽 시위는 강제 해산되었지만, 이날의 항쟁은 학생 시위가 시민들의 폭넓은 지지 속에서 거대한 민중항쟁으로 발전했음을 보여 주었다.[5]

10월 19일 마산의 아침은 간밤의 격렬한 항쟁 흔적과 총을 든 군인, 장갑차가 뒤섞여 살벌한 분위기로 시작되었다. 당국은 밤사이 긴급 기관장 회의를 열고 대책을 논의했으며, 아침부터 대대적인 병력 증강에 나섰다. 39사단 병력과 상급자

---

5   『부마민주항쟁 진상조사보고서』, 286~299쪽.

5대가 추가로 투입되었고, 야간 통행금지는 2시간 연장되었다. 행정력을 동원한 반상회에서는 항쟁을 '불순분자들의 폭동'으로 규정하며 여론 통제를 시도했다. 시민들 사이에서는 언론의 침묵에 대한 분노와 함께, 이날 밤 더 큰 시위가 일어날 것이라는 소문이 파다했다.

저녁 8시가 넘자, 어둠이 내린 창동네거리에서 청년들의 함성을 시작으로 순식간에 수백 명의 시위대가 결집했다. 전날보다 대학생은 줄고 10대 후반에서 20대 초반의 노동자와 고등학생들의 참여가 두드러졌다. 시위는 창동, 불종거리, 3·15 의거탑, 북마산 일대 등 시내 전역에서 동시다발적으로 일어났다. 시위대는 '유신 철폐'를 외치며 경찰과 격렬한 투석전을 벌였고, 특히 서성동 분수로터리에서는 마산 MBC 방송국을 향해 "언론 자유를 보장하라"고 외치며 집중적으로 돌을 던졌다. 이에 경찰과 군인들은 최루탄과 페퍼포그는 물론, 공포탄까지 쏘며 강경하게 진압했다.

밤 10시 통금 시간 이후, 군경은 합동으로 시위대를 토끼몰이식으로 검거하기 시작했다. 군인들은 골목을 수색하며 젊은이들을 무차별적으로 구타하고 연행했으며,[6] 심지어 시내

6　양성국(경남대 독문과 1학년)은 산복도로에서 데모하는 군중의 소리를 듣고 하숙집 친구들과 데모하러 나가다가 체포되었다. 이은진, 『1979년 마산의 부마민주항쟁』, 2008, 68쪽.

‘고고클럽’에 난입해 청년들을 폭행하는 일까지 벌어졌다. 이처럼 19일의 시위는 군경의 삼엄한 경비와 압도적인 무력 진압에 막혀 전날만큼의 파괴력을 보여 주지는 못했다. 하지만 흩어지는 순간에도 시위대는 “내일 또 봅시다!”라고 외치며 꺼지지 않는 저항 의지를 분명히 했다.[7]

3 · 15 탑 부근의 반유신 시위(2020)/정성길 作

7   『부마민주항쟁 진상조사보고서』, 300~308쪽.

마산 시내를 이동하면서 차량 위력 시위 중인 공수부대

이틀간의 격렬한 항쟁이 끝난 10월 20일, 마산 시내는 많은 건물들이 파손되었고, 유치장은 구타와 고문을 당하는 시민들의 신음 소리로 가득했다. 당국은 추가 시위를 막기 위해 대학과 고교에 휴교령을 내리는 등 행정력을 총동원했다. 상황을 심각하게 본 박정희 대통령의 직접 지시로 공수특전여단이 추가 투입되었고, 20일 정오를 기해 마산과 창원 일원에 위수령이 발동되었다. 총 2,300여 명에 달하는 군 병력과 장갑차는 시가지를 행진하는 무력시위를 벌이며 공포 분위기를 조성했다. 정부는 항쟁을 '불순분자의 난동'으로 규정했고, 군경의 폭력적 진압을 정당화하기 위해 '사제 총기'가 발견되었다고 발표했다. 하지만 이는 위력이 거의 없는 '사제 신호탄'을 의도적으로 과장하여 배후 세력이 있는 것처럼 조작한 것이었다.[8]

8   『부마민주항쟁 진상조사보고서』, 309~311쪽.

10 · 18 마산항쟁의 기원: 계획된 거사인가? 자발적 분노인가?[9]

『부마민주항쟁 진상조사보고서』 등 주류적 문헌은 10월 18일의 마산항쟁이 소수의 학생들에 의해 사전에 기획되고 당일 주도된 것처럼 서술한다. 그러나 당시 참여자들의 증언과 기록을 면밀히 살펴보면, 이러한 '사전 계획설'과 '주도 그룹설'은 여러 의문점과 마주친다. 마산항쟁의 기원을 둘러싼 핵심 쟁점들을 재검토해야 할 필요성이 제기되는 지점이다.

1. '10 · 22 사전 계획설'의 실체에 대한 의문

보고서는 최갑순, 옥정애 등이 10월 22일을 목표로 사전에 시위를 계획했다고 서술한다. 하지만 관련자들의 증언은 이

---

9 정주신 박사는 『10월 부마항쟁사─유신체제의 붕괴』(2017)를 출간한 이래, "10월 부마항쟁의 진실과 역사적 성찰: 10 · 16 부산항쟁과 10 · 18 마산항쟁의 비교분석"(2018), "부마민주항쟁의 사실왜곡과 참여자들의 행동태도: 마산항쟁의 경우"(2021) 등 후속 논문들을 통해 부마항쟁의 역사 왜곡 문제를 꾸준히 제기해 왔다. '탐문 2'는 이러한 정주신의 선행 연구 성과를 참조하여 서술하였다.

계획의 실체와 실행 과정에 대해 강한 의문을 제기한다.

먼저, 느슨한 연대와 정보 공유의 부재가 있다. 시위 계획의 핵심 주체로 지목된 이들의 관계는 긴밀한 '조직'이라기보다 느슨한 연대에 불과했던 것으로 보이며, 시위 예정일조차 서로 다르게 파악하고 있었던 점은 이들 간의 정보 공유가 극히 미흡했음을 시사한다.

다음으론 엇갈리는 증언과 계획 변경의 모순이 있다. 10월 16일 부산항쟁 이후 계획을 18일로 앞당겼다는 '계획 변경설'에 대해서도 관련자들의 증언은 상충한다. 최갑순은 18일 시위 소식을 듣고 "서둘러 택시를 타고 …… 거사 일정을 앞당겼다"[10]고 진술했지만, 이는 계획된 변경이라기보다 이미 시작된 상황에 뒤늦게 합류하려는 돌발적 대응으로 해석하는 것이 타당하다. 반면 옥정애는 "22일 시위 계획은 실행하지 못했다"[11]고 단언하며, 시위를 "시작하지도 못하고 체포당했다[12]"고 증언해 최갑순의 진술과 정면으로 부딪친다. 다른 관련자들 역시 긴급 회동이나 공동의 대책 논의가 없었음을 증언한다.

10　『부마민주항쟁 10주년 기념자료집』, 179쪽.
11　부마민주항쟁기념사업회, 『부마민주항쟁 증언집(마산편)』, 2011, 372쪽.
12　위의 책, 373쪽.

이러한 증언들을 종합하면, '10월 22일' 시위 계획은 설령 존재했더라도 그 수준이 매우 초보적이거나 허술했으며, 10·16 부산항쟁이라는 돌발 변수에 능동적으로 대응하지 못하고 사실상 와해된 것으로 판단된다. 핵심 인물들이 시위를 제대로 시작하기도 전에 조기에 체포된 점을 고려할 때, 이들이 18일의 실제 항쟁을 치밀하게 주도했다는 '주도설'은 상당 부분 과장되었을 개연성이 높다. 물론 이들이 가졌던 반유신 투쟁 의지 자체는 높이 평가해야 할 부분이다.

2. 10월 18일 당일, 그날의 주역에 대한 의문

사전 계획뿐만 아니라, 항쟁 당일의 상황 전개에 대한 주류적 서술 역시 정주신 소장 등의 정면 반론에 부딪힌다. 보고서는 정인권의 연설을 계기로 1,000명 이상이 결집해 구호를 외치는 조직적 시위가 있었다고 서술한다. 그러나 정주신 소장은 실제 인원은 100명 남짓이었고, 정인권의 연설은 학생들을 질타하는 내용이라 시위에 미친 영향은 미미했다고 주장한다. 그는 주도 세력의 부재로 학내 시위가 사실상 실패했으며, 일부 학생들이 개별적으로 학교를 빠져나가며 "3·15 탑

에서 만나자"고 외쳤을 뿐이라고 반박한다.[13]

보고서는 최갑순 등이 가두시위를 주도했다고 서술하지만, 정주신 소장은 이를 경찰 조사 과정에서 조작된 허구라고 강하게 비판한다. 그는 최갑순과 옥정애가 별다른 저항이나 구호 없이 연행되는 장면을 직접 목격했으며, 이들의 피해 사실 또한 과장되었다고 지적한다. 오히려 그는 동료들의 연행을 목격한 자신이 창동네거리에서 '유신 철폐'를 외치며 '선도 시위대'를 이끈 것이 마산 도심 시위의 실질적인 출발점이었다고 주장한다.[14] 요컨대 정주신 소장은 특정 인물들의 증언에 의존한 '소수 주도설'을 '조작된 역사'로 규정하며, 항쟁의 본질이 소수의 계획된 행동이 아니라 다수의 청년학생과 시민들이 자발적·자연발생적으로 참여하여 형성한 거대한 저항의 물결이었음을 강조한다.[15]

---

13 정주신, 위의 책, 287~291쪽 참조.

14 정주신, 위의 책, 291~297쪽 참조.

15 10·18 마산항쟁의 엇갈리는 증언을 정리한 최신 논문으로는 정태일·응우옌 프엉 안티, "10·18 마산 부마항쟁에서 논쟁적 증언의 검토", 『한국과 세계』(제7권 6호), 2025. 참조.

권력의 시선과 항쟁의 실체

우리는 흔히 부마항쟁을 학생들이 시작하고 시민들이 참여한 위대한 민주화운동으로 기억한다. 틀린 말은 아니다. 하지만 해가 지고 어둠이 내린 거리, 경찰차를 뒤집고 파출소의 유리창을 깨부수며 독재의 심장을 향해 맨몸으로 돌진했던 그 거대한 분노의 주인공은 과연 누구였을까?

1. 연행자 절반이 불량배?

'불량배'라는 낙인은 10월 17일, 시위가 격화되던 부산에서 시작되었다. 급히 부산에 도착한 구자춘 내무부 장관은 기자회견을 열어 처음으로 공식 입장을 밝혔다. 그는 연행자 200여 명 중 학생은 절반뿐이며, 나머지 절반은 '불량배'였다고 발표했다.[1] 정부가 시위에 참여한 민중을 공식적으로 '불량배'

1   "學生소란 단호조치", 《경향신문》, 1979.10.18.

라 호칭한 첫 순간이었다. 이 발언과 함께 시위 진압 전문가인 송제경이 부산시경 국장으로 교체되었다.

이러한 규정은 정부 내부 보고서에서 더욱 노골적으로 드러난다. 10월 18일 작성된 내무부의 '소요 사건 일지'는 시위의 특징을 "양아치 풍의 시위 대원들에게 시민들이 콜라와 소주병을 주어 경찰에게 투석하게 하는 등 소요가 폭도화되었다"고 기록했다. 그 근거로 "연행자 가운데 약 45%가 무직 청소년층임이 이를 증명한다"고 덧붙였다.[2]

권력의 정점에서부터 이 낙인찍기는 일관되게 이어졌다. 10월 18일, 박정희 대통령은 특별 담화에서 시위를 '난동 소요'로 규정했다. 10월 19일, 박찬긍 계엄사령관은 담화에서 시위대를 "일부 몰지각한 학생과 불순분자"로 칭했다. 같은 날 치안본부는 '폭력불량배 일제 소탕령'을 내렸다.[3] 10월 22일, 중앙정보부는 청와대 안보대책회의에서 부마항쟁을 "'불량배' 및 '10대 무직 청소년'들이 다수 가세하여 폭력을 행사한 것"으로 최종 보고했다.[4] 같은 날 최규하 국무총리 역시 "일체의 소란, 교란, 난동 행위는 안보적 차원에서 엄단하겠다"고 힘

2　『부마민주항쟁 진상조사보고서』, 437쪽.

3　"전국서 일제 소탕령 대도시 폭력배 313명 구속", 《경향신문》, 1979.10.23.

4　위의 보고서, 437쪽.

을 실었다.[5] 10월 23일 계엄사령관은 검찰에 "깡패를 일소하라"고 지시했고, 부산지검에는 '상습 폭력사범 특별수사부'가 설치되었다.[6]

언론은 치안본부의 발표를 받아쓰며, 불과 나흘 만에 전국적으로 4,200여 명의 '폭력배'가 검거되었다고 대대적으로 보도했다.[7] 경찰은 이 조치가 부마항쟁과 무관하다고 주장했지만, 당시 로이터통신은 "실제로는 부마항쟁에 참여한 광범위한 민중들에 대한 보복적 탄압이자 예방조치"라고 정확히 꿰뚫어 보도했다.[8] 이 모든 소동의 정점에는 박정희 대통령의 경멸적인 인식이 자리 잡고 있었다. 10월 26일, 그는 마지막이 될 운명의 만찬 자리에서 부산의 시위를 이렇게 평했다.

"부산 데모만 해도 그렇지. 선량한 시민보다는 식당뽀이나 똘마니들이 많았잖아."[9]

결국 유신 정권에게 거리의 함성은 민주주의를 향한 외침이 아니었다. 그것은 단지 소탕해야 할 '불량배'와 '똘마니'들의 소란일 뿐이었다.

5   "난동 행위 안보적 차원서 엄단", 《경향신문》, 1979.10.22.

6   위의 보고서, 437~438쪽.

7   "폭력배 불량배 우범자 4천여명 검거", 《조선일보》, 1979.10.24.

8   위의 보고서, 437쪽.

9   위의 보고서, 457쪽.

2. 미국의 시선: "이 사태에는 계급전쟁의 요소가 있다"[10]

유신 정권이 항쟁을 '불량배의 난동'으로 폄훼하고 있을 때, 바다 건너 미국은 사태의 본질을 훨씬 더 심각하게 꿰뚫어 보고 있었다. 주한 미국 대사 윌리엄 글라이스틴은 1979년 10월 25일 미 국무부에 보낸 전문에서 "현 단계에서 시위의 기본 원인은…… 경제적인 것으로 보인다"고 평가하며 경제적 요인에 무게를 두었다. 특히 그는 한 소식통을 인용하며, "이 사태에는 계급전쟁의 요소가 있다"고 보고했다. 그러면서 "이 가정이 맞다면 단순한 학생 시위보다 더 중요한 문제를 박 정권에 제기한다"고 덧붙였다. '계급전쟁'이라는 단어가 미국 대사의 공식 보고서에 등장했다는 것은 엄청난 의미를 갖는다. 이는 워싱턴이 부산의 함성을 단순한 정치적 불만이 아닌, 유신 경제의 구조적 모순과 양극화가 폭발한 '계급적 저항'의 성격으로 인식했음을 보여 준다.

미국 CIA 역시 "대중은 노동자와 기업 중역 사이의 거대한 소득 차이를 인식하고…… 부자들이 불공정한 세금 혜택을 받고 있다고 주장한다"고 분석했다. 정권의 '불량배' 낙인과 달리, 미국의 외교관들은 항쟁의 밑바닥에 깔린 서민들의 경

---

10 지주형, "미국 정부 기밀문서를 통해 본 부마항쟁", 『부마항쟁의 진실을 찾아서』, 선인, 2016.

제적 분노와 '계급전쟁'의 요소를 정확히 포착하고 있었던 것이다.

3. 숫자가 말해 주는 진실: 그들은 누구였나?

정권은 항쟁에 참여한 시민들을 '불량배'와 '똘마니'로 매도했다. 그렇다면 그날 거리에 있었던 사람들의 진짜 얼굴은 무엇이었을까? 당시 부산에서 연행된 1,058명의 기록은 권력의 주장과는 전혀 다른 진실을 보여 준다.

부산 지역 연행자의 직업별 구성

(단위: 명, %)

구분	연행자 수(%)	구속(%)	즉심	훈방
학생	397(37.5)	35(54.7)	203	159
재수생	57(5)	1(1.6)	30	26
공무원	2(0.2)	1(1.6)	—	1
상업	43(4)	2(3.1)	22	19
농업	10(0.9)	—	3	7
회사원	81(8)	1(1.6)	47	33
공원	121(11)	2(3.1)	66	53
잡급직	129(12)	8(12.5)	46	75
노동	42(4)	3(4.7)	17	22

선원	27(2.6)	—	13	14
운전수	16(1.6)	2(3.1)	8	7
무직	115(11)	6(9.4)	66	43
기타	17(1.6)	3(4.7)	2	12
계	1,058(100.0)	64(100.0)	523	471

출처:『부마민주항쟁 진상조사보고서』, 242쪽.

항쟁의 중심, 학생들

연행자 중 가장 큰 비중을 차지한 단일 집단은 대학생이었다. 총 397명(전체의 37.5%)이 연행되었고, 특히 구속된 64명 중에서는 절반이 넘는 35명(54.7%)이 학생이었다. 당시 부산 인구에서 대학생이 차지하는 비율을 생각하면, 이는 항쟁의 중심에 학생들이 있었음을 명백히 증명한다.

또 다른 주역, 저변의 근로 청년들

학생들과 거의 비슷한 규모로 항쟁을 이끈 또 다른 축이 있었다. 바로 정권이 '불량배'라 불렀던 이들, 즉 잡급직, 공원(공장 노동자), 노동, 무직의 시민들이었다. 이들은 총 407명(전체의 38.5%)이 연행되었고, 구속자의 30%를 차지했다.

더 중요한 것은 연령이었다. 이들 일반 시민 연행자 중 20대가 66%, 10대가 24%, 합산하면 10대 후반과 20대가 무려

90%를 차지했다.

부산 일반인 연행자의 연령별 구성

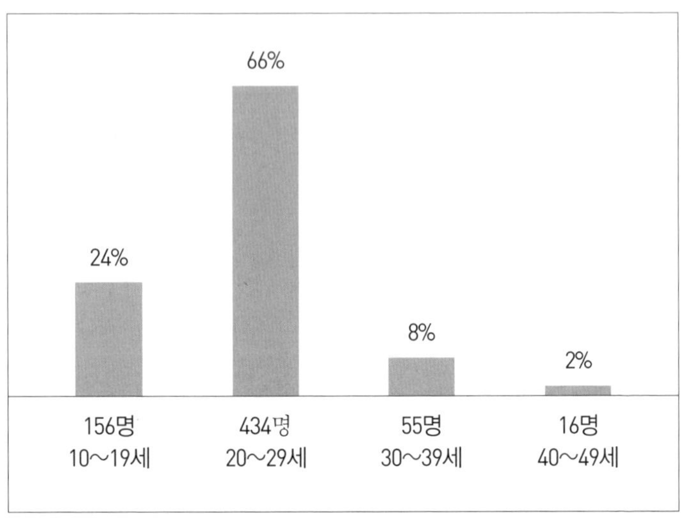

출처: 필자 작성(『부마민주항쟁 진상조사보고서』, 243쪽)

학력 분포 역시 정권의 '불량배' 프레임을 무너뜨린다. 연행자 중 초등학교 졸업 이하의 학력은 31.5%, 중학교 이상의 학력은 28.3%, 고등학교 이상의 학력은 36%, 대학 이상이 하력은 4.2%로 나타났다. 이는 배움의 정도와 상관없이 사회 각계각층이 저항에 동참했음을 보여 주는 명백한 증거다. 따라서 연행자 기록이 보여 주는 부산항쟁의 얼굴은 명확하다.

그것은 대학생과 잡급직·공원·노동·무직 등 저변의 근로
청년층의 10대 후반과 20대 청년들이 학력에 상관없이 함께
거리로 나선, 젊은 세대의 저항이었다. 정권이 '불량배'와 '똘
마니'라 낙인찍었던 이들이야말로, 유신 독재에 맞선 용기 있
는 얼굴들이었던 것이다.

부산 일반인 연행자의 학력별 구성

학력별 구분	인원(명)	비율
초등학교 졸업 이하	211	31.5%
중학교 중퇴	35	5.3%
중학교 졸업	152	23.0%
고교 중퇴	33	5.0%
고교 졸업	203	31.0%
대학 중퇴	15	2.4%
대학 졸업	12	1.8%
계	661	100.0%

출처: 『부마민주항쟁 진상조사보고서』, 243쪽

4. 데이터로 본 항쟁의 전개

연행자 관련 통계는 항쟁의 규모, 격렬함, 그리고 시간의 흐름에 따른 전개 양상을 객관적인 수치로 보여 주는 중요한 자료이다. 분석 결과는 다음과 같다.

날짜별 연행자 현황: 17일의 폭발적 증가

날짜별 연행자 수는 항쟁의 강도가 어떻게 변화했는지를 명확히 보여 준다.[11]

- 10월 16일(항쟁 1일 차): 213명(전체 연행자의 20.1%)
- 10월 17일(항쟁 2일 차): 648명(전체 연행자의 61.2%)
- 10월 18일(계엄령 선포): 87명(전체 연행자의 8.2%)
- 10월 19일~20일: 110명(전체 연행자의 10.4%)

항쟁 이틀째인 17일에 연행자 수가 648명으로 급증했다. 이는 첫날인 16일의 3배가 넘는 수치이며, 전체 연행자의 61% 이상을 차지하는 압도적인 비율이다. 이 데이터는 17일의 항쟁이 전날과 비교할 수 없을 정도로 격렬하고 광범위하게 전

11　김선미(2022b), 120쪽.

개되었음을 증명한다. 반면, 18일에는 연행자 수가 87명으로 급감했는데, 이는 18일 0시를 기해 선포된 비상계엄이 시위 확산을 물리적으로 억제했기 때문으로 분석된다.

시간대별 연행자 현황: 항쟁의 중심은 '밤'[12]

연행된 시간대를 분석하면 항쟁이 주로 언제, 어떻게 이루어졌는지 파악할 수 있다.

- 주간(낮) 연행자: 110명
- 야간(밤, 18시 이후) 연행자: 402명

연행자 중 도심 시위에 참가한 512명 중 야간 연행자가 402명으로, 주간 연행자 110명의 약 4배에 달한다. 이는 부마항쟁이 주로 퇴근 및 하교 시간 이후인 저녁에 시작되어 밤늦게까지 이어지는 야간 시위 중심이었음을 시사한다.

---

12 김선미 위원은 부마민주항쟁진상규명위원회가 경찰청으로부터 입수한 '연행자처리평정표' 자료를 토대로 위 논문을 작성했다.

부산 시민 연행자의 날짜별 · 시간대별 현황

시간	16일	17일	18일	계	낮 · 밤	미상	총계
미상	3	2	—	5	낮 110명	8명	520명
정오~	–	3	—	3			
13:00~	2	4	—	6			
14:00~	10	13	—	23			
15:00~	20	15	—	35			
16:00~	6	20	—	26			
17:00~	8	4	—	12			
18:00~	11	25	1	37	밤 402명		
19:00~	18	34	1	53			
20:00~	19	61	20	100			
21:00~	20	59	10	89			
22:00~	45	38	—	83			
23:00~	16	16	—	32			
자정 이후	—	7	1	8			
계	178명	301명	33명	512명	512명		

출처: 김선미(2022b), 129쪽.

야간 시위 연행자 심층 분석: 더 빨리 격렬해진 저항

야간 시위 연행자 데이터를 날짜별, 시간대별로 세분화하면 항쟁의 동역학을 더 구체적으로 파악할 수 있다.

야간 시위 연행자의 시간대별 현황

시간	16일	17일	18일	총계
18:00~	11	25	1	37
19:00~	18	34	1	53
20:00~	19	61	20	100
21:00~	20	59	10	89
22:00~	45	38	—	83
23:00~	16	16	—	32
자정 이후	—	7	1	8
계	129명	240명	33명	402명

출처: 김선미, 2022b, 130쪽.

날짜별 야간 연행자 수는 다음과 같다.

- 16일: 129명

- 17일: 240명

- 18일: 33명

17일의 야간 연행자 수는 16일 대비 약 두 배로 급증했으며, 이는 이날 밤 시위의 규모가 최고조에 달했음을 보여 준다. 시간대별 야간 연행자 추이는 다음과 같다.

- 16일의 정점: 22시~23시(45명 연행)

- 17일의 정점: 20시~22시(2시간 동안 120명 연행)

- 18일의 정점: 20시~21시(20명 연행)

주목할 만한 부분은 항쟁의 정점에 도달하는 시간이 불과 하루 만에 더 앞당겨졌다는 점이다. 16일에는 밤 10시 이후에 연행자가 가장 많았지만, 17일에는 그보다 2시간 빠른 밤 8시부터 시위가 최고조에 달했다. 이는 항쟁이 이틀째로 접어들며 더 이른 시간부터 시위가 격렬한 양상으로 진화했음을 시사한다. 연행자 통계와 기관 피습 기록은 서로를 교차 검증하며, 이러한 항쟁의 '조기 격화' 양상을 수치로 명확히 입증한다.

5. 야간 시위의 목표: 공격받은 기관들[13]

항쟁 첫날(=10월 16일)

– 불꽃 (17:00~20:00): 상징적인 첫 번째 타격

야간 시위가 시작되기 직전인 오후 5시 40분, 시위대는 TBC 방송국의 취재 차량을 반파시켰다. 경찰이 아닌 언론사가 첫 번째 목표가 되었다는 점은 매우 시사적이다. 이는 시위대의 초기 분노가 물리적 억압뿐만 아니라, 정권의 서사 통제, 즉 프로파간다에 대한 거부감에서 비롯되었음을 명확히 보여 준다. 시위대는 국가의 치안 기구와 본격적으로 충돌하기에 앞서, 시국사건을 제대로 보도하지 않은 어용 언론의 '렌즈'를 먼저 파괴하고자 했다.

– 격돌 (20:00~22:00): 이동하는 상징에서 고정된 요새로

이 시간대에 시위대의 목표는 경찰의 시설과 장비로 명확히 집중되었다. 20시 25분, 중부경찰서 차량에 대한 공격은 거리에서 경찰의 권위에 도전하고 기동력을 저지하려는 시도였다. 그러나 불과 25분 뒤인 20시 50분, 남포파출소가 공격당하면서 상황은 질적으로 변화했다. 이는 시위대의 대담성과

---

13   시간별 피습 기관 정리는 김선미, "부마민주항쟁의 야간 시위 양상과 주도세력", 『지방사와 지방문화』(25권 1호), 2022a. 참조.

목표가 급격히 격상되었음을 보여 주는 전략적 전환점이다. 경찰 차량이라는 '이동하는 공권력의 상징'을 공격하는 것에서 나아가, 지역 사회에 뿌리내린 '억압적 권력의 초소'인 파출소를 직접 공격하기 시작한 것이다. 이러한 격화된 양상은 5분 뒤인 20시 55분 부산진경찰서 차량 공격으로 이어지며 확산되었다.

항쟁 첫날 피습 기관

피습 시각	피습 기관	소속 / 관할
17:40	TBC 취재 차량	언론
20:25	중부경찰서 차량	경찰
20:50	남포파출소	중부경찰서
20:55	부산진경찰서 차량	경찰
22:00	부평파출소	중부경찰서
22:10 22:30	보수동파출소	중부경찰서
22:30	MBC 방송국	언론
22:40	대청1파출소	중부경찰서
22:40	초장파출소	서부경찰서
22:45	중앙동파출소	중부경찰서
22:45	부민파출소	서부경찰서
22:45	경남도청	행정기관

22:50	흑교파출소	중부경찰서
22:50	충무동파출소	서부경찰서
23:00	완월파출소	서부경찰서
23:15	아미파출소	서부경찰서

출처: 김선미(2022a), 257쪽.

– 절정 (22:00~23:00): 봉기의 최고조

밤 10시부터 11시 사이의 단 한 시간은 항쟁이 최고조에 달한 시기였다. 이 짧은 시간 동안 중부경찰서와 서부경찰서 관할하의 수많은 파출소가 거의 동시다발적으로 공격을 받았고, 나아가 22시 30분에는 MBC 방송국, 22시 45분에는 경남도청이 연이어 시위대의 목표가 되었다. 이처럼 짧은 시간 동안 광범위한 지역에서 동시다발적 공격이 이루어졌다는 사실은, 시위가 단일한 지휘 체계 없이도 자생적이고 분산적인 형태로 조직화되었음을 시사한다. 특히 항쟁의 정점에서 이루어진 경남도청 공격은 시위대의 목표가 지역 경찰력 제압을 넘어, 지역 행정 권력의 최고 중심부를 직접 겨냥할 만큼 격상(格上)되었음을 보여 주는 상징적 사건이었다.

– 심야 (23:00 이후): 더 큰 폭발의 전조

밤 11시 완월파출소와 11시 15분 아미파출소에 대한 공격은 16일 밤의 격렬했던 저항이 아직 끝나지 않았음을 보여 주었다. 이 시기, 시위대의 집중적인 공격 파고는 최고조를 지나 다소 잦아들었으나, 저항의 에너지는 결코 식지 않았다. 이 꺼지지 않은 불씨는 항쟁의 '마무리'가 아니라, 다음 날인 17일, 도심 전역에서 훨씬 더 많은 기관을 향해 폭발할 진정한 절정의 서막(序幕)에 불과했다. 16일 밤의 저항은 항쟁의 운명을 결정지은 것이 아니라, 더 거대한 봉기가 가능함을 증명하는 전조(前兆)였던 것이다.

항쟁 둘째 날(=10월 17일)

– 전방위 확산 (19:40~22:00): 지역 통제 기구에 대한 분노 표출

17일 저항은 시작부터 목표가 분명하고 광범위하게 전개되었다. 저녁 7시 40분 충무동파출소를 시작으로, 시위대의 공격은 동부, 중부, 서부 관할을 가리지 않고 파출소와 경찰서 본서로 향했다. 특히 동부, 서부, 중부경찰서 본서 세 곳이 모두 투석 공격을 받은 것은, 지역 치안 지휘 체계에 대한 시위대의 뿌리 깊은 반감과 누적된 불만을 드러낸 것이었다. 나아가 KBS, MBC, 부산일보 등 주요 언론 기관 세 곳이 한 시간 내에 연달아 공격받은 것은, 시위대의 분노가 정권의 물리

적 통제 기구(경찰)를 넘어, 불공정 보도를 일삼던 정보 통제 기관(언론)까지 동시에 겨누고 있었음을 보여 준다.

– 정점 (22:00~24:00): 권력의 상징에 대한 정면 도전

밤 10시를 넘어서며 시위대의 목표는 더욱 대담해졌다. 22시 10분, 2관구사령관 차량이 파손된 사건은, 시위대의 저항이 국가의 최종적 강제력인 군부(軍部)까지 직접 겨누기 시작했음을 보여 주는 상징적 장면이었다. 이어 밤 11시부터는 경남도청, 중부산세무서, 서구청 등 핵심 행정 기관들이 집중 공격을 받았다. 이는 시위의 성격이 반(反)경찰 저항을 넘어, 국가의 행정과 조세 기능 자체에 대한 정면 도전으로 격상되었음을 보여 준다. 특히 23시 15분 흑교파출소에서 발생한 박정희 대통령 사진 파손은, 정권의 최고 권위자에 대한 정면 부정이자 유신체제 자체를 거부하는 상징적 행위의 정점(頂點)이었다.

항쟁 둘째 날 피습 기관

피습 시각	피습 기관	소속/관할
19:40	충무동파출소	서부경찰서
20:00	대청2파출소	중부경찰서
20:30	초량1파출소	동부경찰서

20:35	초량2파출소	동부경찰서
20:40	고관파출소	동부경찰서
20:50	동부경찰서	동부경찰서
20:58	부민파출소	서부경찰서
21:00	KBS방송국	언론
21:30	흑교파출소 (1차)	중부경찰서
21:45	서부경찰서	서부경찰서
21:55	남포파출소	중부경찰서
21:55	중부경찰서	중부경찰서
22:00	MBC방송국	언론
22:00	부산일보사	언론
22:10	2관구사령관 차량	군
22:15	보수동파출소	중부경찰서
23:00	경남도청	행정기관
23:15	중부산세무서	행정기관
23:15	흑교파출소 (2차)	중부경찰서
23:25	서구청	행정기관
23:45	서대신3동사무소	행정기관
23:45	구덕파출소	서부경찰서
23:50	동신파출소	서부경찰서

출처: 김선미(2022a), 258~259쪽.

항쟁 셋째 날(=10월 18일)

이날 공격받은 남포파출소와 합동통신은 각각 '권력의 초소'와 '어용 언론'이라는, 지난 이틀간 저항의 핵심 표적이었던 범주에 정확히 속한다. 남포파출소는 16일과 17일에 이어 18일에도 공격을 받음으로써, 3일 내내 시위대의 분노가 집중된 상징적 장소가 되었다. 또한 합동통신 취재 차량 파손은 통제된 언론에 대한 불신이 계엄하에서도 계속되고 있음을 보여 주었다. 비록 규모는 크게 축소되었지만, 이 두 사건은 항쟁의 근본적인 동기가 여전히 살아 있음을 증명했다.

항쟁 셋째 날 피습 기관

피습 시각	피습 기관	소속 / 관할
19:55	남포파출소	중부경찰서
20:00 이후	합동통신	언론

출처: 『부마민주항쟁 진상조사보고서』, 192쪽.

6. 야간 시위의 주역은 누구였나?

부마항쟁의 밤 시위를 이끈 주역이 누구였는가에 대한 논의는, 임미리 박사가 제기한 '도시 하층민'론에서 시작하여 차성환의 비판적 재해석을 거쳐, 이제 '청년혁명'이라는 더 넓은 관점으로 종합될 수 있다.

1단계: 새로운 주체의 발견(도시 하층민)

먼저, 임미리 박사는 기존의 학생 중심 서사에서 벗어나 밤 시위의 진정한 주역으로 '도시 하층민'을 조명했다. 이는 항쟁의 성격을 이원화하여 분석하는 중요한 시각을 제공했다.[14]

– 낮(학생): '유신 철폐' 등 정치적 '자유'를 위한 비폭력 저항
– 밤(도시 하층민): 가난과 차별에 대한 사회경제적 분노를 표출하는 '평등'을 향한 저항

이 구분은 학생운동의 영향력과 한계를 명확히 하고, 그동안 주목받지 못했던 계층의 자생적 분노를 항쟁의 핵심 동력으로 끌어올렸다는 점에서 큰 의미가 있다.

---

14   임미리, "부마항쟁 밤 시위의 주도세력, 정광민에 이은 또 다른 정광민'들'", 『사회와 역사』(통권 139호), 2023.

2단계: 행위 동기의 복합적 이해

다음으로, 차성환은 임미리의 핵심 논거인 '소등 강제' 행위를 분석하며, 이를 단순히 '도시 하층민'의 계급의식으로만 해석해서는 안 된다고 주장한다.[15] 그는 시위대의 행동이 ▲ 극심한 공포 속 자기 보호 본능 ▲ 시위 대의에 근거한 선택적 폭력 ▲ 3·15의거의 역사적 학습 효과 ▲ 부유층에 대한 계급적 반감 등이 복합적으로 작용한 결과임을 밝혔다. 이는 시위 참여자들을 단일한 계층적 정체성으로만 규정하는 것을 넘어, 그들에게 있는 구체적인 상황 속에서 복합적인 동기로 행동하는 입체성을 증명했다. 나아가 시위대를 단일한 계급 정체성으로 환원할 수 없게 만듦으로써, 기존의 '학생―하층민'이라는 이분법적 구도를 넘어설 새로운 통합적 프레임워크의 필요성을 제기한다.

3단계: 통합적 재해석(청년혁명)

두 논의를 바탕으로, 이들을 하나로 묶는 통합적인 해석의 틀을 모색한다면 '대학생'과 '도시 하층민'이라는 경제적·신분적 구분을 넘어 '청년 세대'라는 공통점에 주목하는 것이 중요하다. 낮 시위를 주도한 대학생과 밤 시위를 이끈 도시 하

15　차성환, "1979년 마산의 밤 시위의 전개과정", 『항도부산』(통권 제 49호), 2025.

층민은 모두 연령적으로 청년 세대였다. 또한, 당시 대학생 중 다수는 도시 하층민 가정의 자제들로, 두 집단은 명확히 분리되기보다는 서로 겹쳐 있는 부분이 많다. 항쟁의 주역인 청년층을 다음과 같이 나눠 볼 수 있다.

- 청년 I : 20대 대학생이 주축이며, 재수생과 10대 후반 학생까지 포함한다.
- 청년 II : 근로하는 청년(도시 노동자, 서비스직 종사자)이 주축이며 무직 등을 포함한다.

이들을 신분적으로 고정된 '도시 하층민'으로 규정하는 것은 이들의 역동적 유동성을 간과할 수 있다. 이들은 단순히 계급적 불만에만 갇힌 것이 아니라, 불의에 저항하는 '정의감'을 공유한 '청년 세대'였다. 따라서 '청년 II'는 '비(非)학생 근로 청년'으로 이해하는 것이 이들의 복합적인 정체성을 더 잘 반영할 수 있다. 물론 청년 I 과 청년 II 가 반드시 동질적인 것은 아니며, 사회계급적 지향이 다른 불균질성도 존재한다. 그러나 부마항쟁이라는 거대한 정치적 항쟁 속에서, 두 청년층은 독재정권 타도라는 공동의 목표 아래 연합하여 투쟁에 나섰다.

이런 관점에서 부마항쟁(혹은 '열흘 혁명')은 특정 계층의 저항을 넘어, 유신체제가 가하는 모든 억압에 맞선 '청년 세대의 총체적 항쟁', 즉 '청년혁명'으로서의 성격을 갖게 된다. '청년혁명'은 다음과 같은 복합적인 저항의 성격을 띤다.

- 정치적 자유에 대한 갈망: 독재와 억압에 대한 저항(학생들이 주로 외친 구호이지만 저변 근로 청년들도 크게 공감)
- 경제적 불평등에 대한 분노: 산업화의 그늘에서 비롯된 가난과 소외에 대한 저항(청년Ⅱ의 근원적 분노로 볼 수 있지만 청년Ⅰ도 공평성과 분배 문제, 노동문제에 대한 문제 인식을 소유하고 표출)
- 사회적 억압에 대한 반발: 권위주의적 사회 분위기와 통제에 대한 젊은 세대의 본능적 거부

요컨대, 부마항쟁의 주체에 대한 질문은 '학생'에서 '도시 하층민'(임미리)으로, 다시 '복합적 동기의 개인'(차성환)으로 심화되었으며, 이는 최종적으로 두 집단을 모두 포괄하는 '청년혁명'이라는 거시적 관점으로 수렴된다. 낮의 '청년Ⅰ(학생)'과 밤의 '청년Ⅱ(근로 청년)'는 비록 계급적 지향에서 일부 불균질성을 가졌을지라도, 유신체제 타도라는 공동의 목표 아래 연대한 '하나의 세대'였다.

이러한 '청년혁명'으로서의 성격은 불과 7개월 뒤 광주에서

더욱 비극적으로 증명된다. 5·18 광주항쟁의 희생자 통계는 이를 명확히 뒷받침한다. 사망자 중 10대와 20대의 비율은 무려 73.5%에 달했으며, 부상자 중에서도 65.4%가 바로 이 청년 세대였다. 이는 유신체제와 신군부에 맞선 저항이 특정 계층을 넘어, 미래를 빼앗긴 청년 세대가 온몸으로 부딪쳤던 거대한 세대적 항쟁이었음을 보여 준다.

괴물의 탄생: 전두환, 부산에 오다

10월 18일, 부산 거리에는 계엄군의 탱크가 진입했고, 권력의 막후에는 보안사령관 전두환이 모습을 드러냈다. 시민들이 마주한 것이 눈에 보이는 총칼의 공포였다면, 밀실로 연행된 이들이 마주한 것은 보이지 않는 '각본'의 잔혹한 폭력이었다. 함성이 사라진 거리의 뒤편에서 또 하나의 전쟁, 진실을 지우려는 자들의 검은 음모가 싹트고 있었다.

1. 합동수사단 설치 과정

10월 18일 오전 8시 30분, 계엄관계관 회의에서 계엄사령관 박찬긍은 '합동수사반' 운영의 필요성을 언급했다. 당시 회의에 참석한 김재규 중앙정보부장 역시 "배후에 어떤 복합된 조직적인 불순세력이" 있다며 "엄격히 옥석을 가려내야 한다"고 강조했다. 같은 날 오후 2시 중앙정보부 부산지부 회의실에서 중정, 계엄사, 501보안부대, 부산시경 관계자들이 합동수사단 편성을 논의했으며, 오후 5시 중앙정보부 본부 시국대책 회의에서 편성이 최종 결정되었다. 또한, 이날 부산에 도착한 전두환 보안사령관은 박찬긍 계엄사령관에게 '불순 배후' 색출을 위한 합동수사기구 설치를 '지휘 조언'했다. 이에 따라 10월 18일 저녁 6시 50분, 계엄공고 제3호에 의거하여 계엄사령관 직속으로 합동수사단(단장 501보안부대장 권정달 대령)이 공식 설치되었다.

2. 합동수사단의 초기 수사 방향: 남조선민족해방전선

10월 18일 저녁 6시 50분, 계엄공고 제3호에 의거하여 공식 발족한 합동수사단은 군, 검찰, 경찰, 중앙정보부 요원들로 구성되었다. 이 기구는 계엄사령관 직속으로 모든 정보·수사기관을 장악하고 지휘권을 일원화한 막강한 권력 기구였다.

초기 수사 방향에 결정적인 영향을 미친 것은 10월 16일 시위에서 체포된 한국외대생 황성권이었다. 그가 남민전(남조선민족해방전선) 관련자인 박미옥과 인적 관계가 있다는 사실이 드러나자, 중앙정보부 본부와 남민전 사건을 수사하던 치안본부에서 대규모 수사관이 부산으로 급파되었다. 수사의 초점은 '안보 및 배후 주모자 색출'에 맞춰졌고, 부마항쟁은 거대한 용공 사건으로 조작되기 시작했다.[1]

초기 수사 과정에서는 중앙정보부가 주도권을 쥐었다. 중 정은 본부와 부산지부 요원들을 9개 경찰서에 분산 배치해 수 사를 지휘했다. 그들의 시나리오는 명확했다. 10월 24일경, 한 중정 국장은 연행된 학생에게 "고정간첩의 지시로 시위를 주동했다는 각본이 완성되었으니 더 이상 몸 다치지 말라"고 말할 정도였다.[2]

3. 보이지 않는 곳의 비명

합동수사단은 최성묵 목사, 김광일 변호사 등 부산의 재야 인사들을 항쟁의 배후로 지목하고, 이들을 총책, 자금책, 선 동책 등으로 배치한 여러 종류의 조직도를 만들어 가며 시나 리오의 완성도를 높여 갔다. 연행자들에게는 잠을 재우지 않 는 수법으로 육체적 압박을 가하며 각본대로 시인할 것을 강 요했다.

1   『부마민주항쟁 진상조사보고서』, 210쪽.
2   위의 보고서, 251쪽.

　10월 25일경, 수사 방향은 남민전에서 재야인사들이 관여한 양서협동조합으로 전환되었다. 합수단은 최성묵 목사가 김광일 변호사, 김형기 등을 통해 이진걸과 필자의 시위를 배후조종한 것으로 단정했다. 하지만 이들을 직접 연결할 단서가 나오지 않자, 억지로 인물들을 엮기 시작했다. 당시 이진걸과 필자는 일면식도 없는 사이였지만, 수사당국은 단지 두 사람이 부산대 학생이라는 이유만으로 연결하고, 사실에 맞지 않는 상황을 짜 맞추기 위해 폭력과 고문을 동원했다.[3]

　하지만 이 잔혹한 조작 과정에서 예상치 못한 균열이 발생했다. 10월 25일, 고문에 시달리던 청년 황선용이 동래경찰서 2층에서 투신한 것이다. 그는 자신 때문에 연행된 지인들에 대한 미안함과 고문에 굴복해 허위자백을 했다는 자괴감에 시달렸다. 극적으로 목숨을 건진 그는 병원으로 이송된 뒤에도 "경찰이 민주시민을 간첩으로 몰아간다"고 외치며 수사의 부당함을 시민들에게 호소했다.[4] 한 시민의 고통에 찬 저항은, 진실을 조작하려던 괴물의 민낯을 드러내는 파열음이었다.

3　위의 보고서, 265쪽.
4　위의 보고서, 265쪽.

4. 고문의 피해자들

여기서는 '용공 조작'과 관련된 주요 고문 피해 사례를 중점적으로 다룬다. 하지만 이들 외에도 수많은 시민과 학생이 수사 과정에서 불법적인 고문을 받았다. 더 자세한 개별 사례는 『부마민주항쟁 진상조사보고서』 본문을 참조하기 바란다.

故 황선용 씨(서면서림 직원, 26세)

10월 15일 부산대에서 배포된 유인물 제작에 참여했다는 혐의로 연행되었다. 수사 당국은 그를 간첩, 조총련, 총기 사용자로 조작하기 위해 고문을 자행했으며, 그의 허위자백을 녹음해 다른 관련자들을 압박하는 데 사용했다. 극심한 고문과 심리적 압박을 견디지 못하고 투신자살을 시도하기도 했다. 그는 2025년 8월 별세했다.

이진걸 씨(부산대 기계설계과 3학년, 21세)

10월 15일 부산대 유인물 배포 사건의 주역이었다. 그는 10월 20일 체포된 이후, 합동수사단에 끌려가 취조를 받았다. 수사관들은 이진걸에게 시위 배후에 김영삼 총재나 남민전과 같은 조직이 있다고 허위자백할 것을 강요했다. 이진걸이 이를 부인하자 구타하고 잠을 재우지 않는 고문을 가했다. 끝까지 허위자백을 거부하자 물고문까지 자행했다.

노승일 씨(태백산맥 서점 주인, 26세)

10월 20일 유언비어 유포 혐의로 체포된 노승일은 영주동 보안대 분실로 끌려갔다. 합동수사단은 과거 간첩단 사건 연루 경력을 빌미로, 그를 남민전과 엮어 항쟁의 배후로 조작하려 했다. 그는 남민전이나 다른 시위 주동자를 전혀 알지 못했지만, 수사관들은 혹독한 고문을 가했다. 결국 그는 고문을 견디지 못하고 '남민전 활동에 참여했다'는 내용을 허위로 자백해야 했다.

정광민(필자) 씨(부산대 경제학과 2학년, 21세)

부산대 시위를 주도한 혐의로 자진 출두 후 동래경찰서에서 조사를 받았다. 수사관들은 월남한 그의 부친을 고정간첩으로 몰아 시위 배후를 조작하려 했다. 물고문 등 혹독한 가혹 행위를 당했으며, 여러 차례의 고문 도중 실신해 인근 대동병원 응급실로 이송되었다.

故 이용수 씨(동아대 법학과 3학년, 25세)

동아대 학도호국단 사단장으로서 시위를 이끈 핵심 인물이었다. 19일 영도경찰서로 연행되어 고초를 겪었다. 그는 다리

사이에 봉을 끼워 매달리는 일명 '통닭구이' 고문과 고춧가루 물고문을 당했다. 고문을 견디다 못한 그는 투신자살을 기도했다.

황성권 씨(한국외대 3학년 휴학생, 26세)

10월 16일 저녁, 광복동 시위 현장에서 체포된 황성권은 시내 반도호텔에 구금되었다. 경찰은 시위의 배후를 캐묻기 위해 그에게 혹독한 물고문을 자행했다. 고문을 견디지 못한 그는 남민전 관련자와 시국 대화를 나눈 사실을 시인했다. 수사 당국은 이를 빌미로 그를 남민전 조직원으로 단정하고, 구타를 동반한 조작 수사를 본격화했다.

故 김종철 씨(고려대 법학과 4학년, 24세)

고려대 법대생으로 부산 광복동 시위와 창동네거리 시위에 참여했다가 10월 18일 밤 체포되어 계엄사 합동수사단(=부산 보안대)으로 이송되었다. 수사관들은 그를 마산고 선배인 황성권과 엮어 남민전 조직원으로 조작하기 위해 살인적인 구타와 고문을 가했다.

故 정인권 씨(경남대 국제개발학과 2학년, 19세)

경남대 시위 주동자로 체포되어 마산경찰서에서 조사를 받았다. 수사관들은 시위 배후에 북한이나 야당이 있다고 조작하기 위해 '통닭구이' 물고문과 살해 협박을 가했다. 이 고문으로 귀와 허리에 심각한 상이를 입고 평생 외상후스트레스장애(PTSD)를 겪었다.

5. 신군부의 발판, 괴물의 완성

부산과 마산의 거리에서 무고한 청년들이 짓밟히는 동안, 권력의 밀실에서는 또 다른 괴물이 자라나고 있었다. 부마항쟁 진압을 위해 급조된 것처럼 보였던 합동수사단은, 사실 전두환 보안사령관의 치밀한 계획 아래 탄생한 권력 장악의 도구였다. 이미 1979년 여름, 전두환의 지시로 보안사 법무관 박준광 소령은 국방부의 2급 비밀 계엄 시행계획인 '충무계획 1200'에 근거하여 합동수사본부 설치 계획서를 작성해 두었다. 이 계획안은 부마항쟁이 발생하자 부산에서 즉각 실행에 옮겨졌다. 초기에는 김재규의 중앙정보부와 전두환의 보안사가 서로 충성 경쟁을 벌이는 듯 보였지만, 합동수사단의 실질적인 주도권은 보안사령관 전두환에게 있었다. 그는 이 기구를 통해 모든 정보·수사기관을 자신의 통제 아래 두는 예행연습을 하고 있었던 것이다.

합동수사단은 10월 26일 박정희가 사망할 때까지 약 8일간 활동하며, 항쟁의 배후에 불순세력이 있다는 각본에 맞춰 대대적인 조작 수사를 벌였다. 비록 그들의 조작은 미완으로 끝났지만, 더 큰 비극의 씨앗을 뿌렸다. 단기간 운영되었음에도, 그 조직과 운영 방식은 10·26 사건 이후 전두환이 군권을 장악하는 데 결정적인 역할을 한 합동수사본부의 완벽한 원형이 되었다. 당시 부산지구 합동수사단장이었던 권정달은 10·26 사건 후 국군보안사령부 정보처장이자 계엄사령부 합동수사본부 국장을 겸임하며 신군부의 핵심 인물로 부상했다.

훗날 권정달은 자신의 회고록을 통해, 당시 자신이 오히려 군의 과잉 진압을 막고 중앙정보부의 '짜맞추기식' 용공 조작 수사를 거부했다고 주장했다. 그는 차지철의 발포 명령에도 "국민에게 총을 쏠 수는 없다"며 저항했고, 중정의 배후 조작 시나리오에 "군인의 명예를 걸고 짜맞추기식 수사는 할 수 없다"며 맞서 대부분의 연행자를 석방시켰다고 회고했다. 하지만 그의 주장과 달리, 합수단이 자행한 잔혹한 고문과 조작의 실상은 이미 수많은 피해자의 증언으로 명백히 드러났다. 사건 책임자의 이러한 회고는, 강압적인 수사 자체에 대한 책임을 모면하려는 의도가 담긴 변명으로 이해될 수밖에 없다. 결국 부마항쟁의 피와 눈물 위에서, 전두환 신군부는 권력을 장악하는 방법을 학습했다. 무고한 청년들을 짓밟은 자리에, 더 거대한 독재 권력의 단초가 만들어지고 있었다.

물고문(2020)/정성길 作

세계의 눈, 부산으로 향하다

1. 외신기자들, 부산으로!

부마민주항쟁이 발발한 다음 날인 10월 17일부터 《아사히 신문》, 《뉴욕타임스》 등 주요 외신들은 통신사와 서울 특파원을 통해 시위의 원인, 양상, 군경의 폭력 진압 등을 보도하기 시작했다. 이후 현지 취재를 위해 10월 18일 부산에 도착한 《뉴욕타임스》 헨리 스콧 스톡스 기자는 계엄 당국으로부터 항공편, 숙소, 만나는 인물 등 모든 동선을 감시당했다. 그는 10월 19일 자 기사에서 항쟁의 전개 과정과 더불어 "언론 검열, 야간 통금, 학생 5명 사망설" 등 계엄 상황을 상세히 전했으며, 이에 중앙정보부는 그에게 전달할 반박 자료를 준비했다. 10월 23일에는 《로이터통신》 존 오언 데이비스 기자 또한 부산에 도착해 호텔 투숙 상황과 마산 이동까지 감시를 받았다. 이처럼 계엄 당국의 강력한 언론통제에도 불구하고 ABC, NBC 등 수많은 외신기자가 취재를 감행했다. 이 과정에서 마

산을 취재한 RKB 후카야 기자는 도청을 당했고, 교도통신 오노다 기자는 문공부에 소환되기도 했다.[1]

2. 《뉴욕타임스》가 본 한국의 위기 : 부마항쟁에서 10 · 26사태까지

기사의 개요

《뉴욕타임스》는 부산사태 발발 직후부터 10 · 26사태에 이르기까지 한국의 상황을 비중 있게 보도했다. 10월 18일 "학생 소요 사태 이후 한국 도시에 계엄령 선포(Martial Law Is Set In South Korea City After Student Riot)"라는 기사를 시작으로, 10월 19일에는 "시위와 소요 이후 계엄군 부산 통제(Troops Guard Pusan After Protest and Riot)" 기사를 게재했다. 연이어 10월 20일에는 "한국 학생들, 반정부 시위 확대(Korean Students Extend Protests Against Regime)", 10월 21일에는 "새로운 번영이 한국 시위의 화근(Seeds of South Korean Protest Were Sown by New Prosperity)"이라는 기사를 통해 시위의 확산과 그 배경을 분석했다. 이후 10 · 26사태 다음 날 10월 27일에는

1 『부마민주항쟁 진상조사보고서』, 433~434쪽.

"박정희가 한국을 세세한 부분까지 통치(He Ran South Korea, Down to Last Detail)"라는 기사와 함께, "박 대통령, 정보부장에 의해 피살됐다고 서울(정부) 발표; 국무총리 권한대행, 미군 경계 태세 돌입(President Park Is Slain In Korea By Intelligence Chief, Seoul Says; Premier Takes Over, G.I.'s Alerted)"이라는 기사를 긴급 타전했다.

분석

1979년 10월, 《뉴욕타임스》는 부산에서 시작된 민주화 시위(부마민주항쟁)부터 박정희 대통령 암살(10·26사태)까지의 격동의 과정을 집중 보도했다. 이 기사들은 단순한 사건 전달을 넘어, 유신체제가 붕괴에 이르는 과정을 심층적으로 분석하며 일관된 서사를 구축했다.

- 1단계: 민중 봉기의 발발(부마항쟁)

《뉴욕타임스》는 먼저 부산사태를 "1960년 4·19 혁명 이후 최대 규모의 반정부 시위"로 규정하며 사태의 심각성을 강조했다. 10월 16일 부산대 학생 1천 명의 시위로 시작되어 동아대 학생과 "수백 명의 사람들"(시민)이 합류, 최대 5,000명 이상이 가담한 것으로 보도했다. 시위 양상에 대해서도 경찰서(파출소)와 친정부 언론사 습격, 경찰차 방화 등 격렬했던 상황을 전했다.

또한, 복합적인 원인을 심층적으로 분석하기도 했다. 모든 기사가 야당 총재 김영삼의 국회의원직 제명을 핵심 도화선으로 지목했으며, 시위대의 구호인 "유신체제 타도"를 명시해, 1972년 헌법에 대한 근본적인 저항이 핵심임을 밝혔다.

나아가 "체포된 사람의 절반이 학생이 아닌 일반 시민"이라는 점에 주목하며, 실업률 급등과 30%대의 물가 상승 등 경제난이 불만을 확산시켰다고 분석했다. 10월 21일 자 기사에서는 경제 성장이 역설적으로 '세련된 중산층'을 만들어 내 정권의 통제에서 벗어나게 했다고 지적했다.

마지막으로, 시청 앞의 탱크와 장갑차, 언론 검열, 야간 통금 등 계엄령하의 통제 상황을 생생히 묘사했다. 특히 '학생 5명 사망설'이라는 '확인되지 않은 보도'를 비중 있게 다루며, 부산시 공무원이 "학생 한 명이 사망한 후 이승만에게 무슨 일이 일어났는지 알고 있다"고 말한 내용을 인용해 정부가 제2의 4·19 혁명을 얼마나 두려워했는지 드러냈다.

이처럼 《뉴욕타임스》는 부마항쟁을 단순 '폭동(Riot)'이 아닌, 1960년 4·19 혁명에 비견되는 유신체제에 대한 심각한 정치적 '봉기(Uprising)'로 해석하고 보도했다.

― 2단계: 정권의 내부 붕괴(10·26사태)

부마항쟁이라는 거대한 외부의 도전에 직면한 지 불과 열흘 뒤, 《뉴욕타임스》는 10월 27일 자 기사를 통해 박정희 대통령의 사망 소식을 타전한다. 이 기사들은 10·26사태를 '민주화 의거'로 보도하지는 않았지만, 부마항쟁과 분리된 고립된 사건으로 보지도 않았다.

우선 《뉴욕타임스》가 발표한 표면적 동기를 살펴보면 기사들은 "정부가 대통령의 서거가 중앙정보부장과 경호실장 간의 '우발적인 말다툼(accidental argument)'의 결과라고 밝혔다"거나, 김재규가 "'감정 폭발(emotional outburst)' 중 총격을 가했다"는 한국 정부의 공식 발표를 그대로 인용해 전달했다.

하지만 이후 분석한 본질적 배경은 달랐다. 기사들은 정부가 발표한 '우발적' 사건의 배경을 즉각적으로 강조한다. 메인 기사는 "대통령의 서거는 권위주의 통치에 반대하는 정치적 시위가 잇따른 데 따른 것"이라며, "수만 명이 폭동을 일으킨" 부산과 마산의 시위(부마항쟁)를 암살의 직접적인 배경으로 언급했다. 나아가 그들은 '김영삼 제명 → 부마항쟁(정권 최대 위기) → 10·26'으로 이어지는 1979년 10월의 급박한 정치적 연쇄 반응의 정점으로 10·26사태를 맥락화했다. 또한, 헨리 스콧 스톡스 기자는 박정희를 "경제 기적을 이룬 애국자"이자 "경찰국가를 만든 독재자"로 양면적으로 평가하며, 그의 통치 핵심 도구였던 "거대한 중앙정보부(KCIA)"를 "사실상의 그림자 정부"로 묘사했다. 이는 그 '그림자 정부'의 수장이 통치자 자신을 살해한 상황의 아이러니를 드러낸다.

결론적으로 《뉴욕타임스》의 1979년 10월 기사들을 종합해 보면, "박정희 유신 독재가 부마항쟁이라는 거대한 민중 저항(외부의 도전)에 부딪혀 한계에 도달한 순간, 정권의 가장 핵심적인 내부(KCIA)에서부터 폭발하며 붕괴한 사건"으로 10·26사태를 보도했음을 알 수 있다. 즉, 《뉴욕타임스》는 10·26사태 당시에는 '우발적 내분'이라는 한국 정부의 공식 발표를 전달할 수밖에 없었지만, 기사의 전체적인 맥락과 부마항쟁과의 강력한 연결을 통해, 이 암살 사건이 유신체제의 종말을 알리는 필연적인 정치적 파국의 결과였음을 분명히 했다.

3. 일본은 무엇을 보았나?

가장 가까운 이웃인 일본의 언론은 부마항쟁을 어떻게 바라보았을까? 당시 외신 중 압도적으로 많은 기사를 쏟아 냈던 《아사히신문》의 보도는 주목할 만하다. 이들은 단순한 사건 중계를 넘어, 유신체제의 균열을 날카롭게 파고들며 정권

의 향방을 예측하는 깊이 있는 통찰을 보여 주었다. 이 기사
들 대부분은 서울지국 특파원 후지다카 아키라(藤高明) 기자
가 작성했다. 그는 부산과 마산의 함성 속에서 무엇을 보았던
것일까?

신속하고 집요한 현장 보도: "이것은 폭동 사태다"

유신정권의 보도 통제하에서 한국 언론이 침묵하던 10월 17
일, 《아사히신문》은 이미 부산 상황을 1면 머리기사로 다루며
"데모, 폭동 사태"로 규정했다. 정부의 공식 발표가 전무한
상황에서도, 이들은 현지 정보원과 목격자 인터뷰를 통해 사
건의 실체를 집요하게 파고들었다.

우선 10월 17일 자 기사에서 "학생 약 3,000여 명이 시내 중
심가에서 데모, 경찰 파출소에 투석하고 경찰 순찰차에 방화
하는 등 폭동 상태가 발생했다."라고 보도하며 사건의 규모와
격렬함을 알렸고, "이 학생 소요에 일부의 시민들도 '야당탄
압 중지하라' 등을 부르짖으며 가담했다"고 밝혔다.

10월 18일 자 기사에선 생생한 목격담을 전하기도 했다. 부
산 현장 일본인 사업가 미즈노 이와오 씨의 목격담을 직접 인
용하여, "학생 데모대와 경찰 기동대 간의 충돌은 시가전 양
상을 보이고 있으며 부산시는 소요 상태"라고 전했다. 또한
"온 사방이 깜깜한 가운데 서치라이트의 불빛이 불길하게 교

차되는 시가전 양상이었다"고 생생하게 묘사했다. 이러한 신속하고 구체적인 보도는 유신 정권이 은폐하려 했던 항쟁의 규모와 심각성을 전 세계에 알리는 결정적인 역할을 했다.

탁월한 통찰: "빈부 격차 해소를 내걸다"

《아사히신문》 보도의 가장 탁월한 지점은, 항쟁의 원인을 단순히 정치적 억압으로만 한정하지 않고 그 저변에 깔린 경제적 불만을 정확히 꿰뚫어 본 것이다. 이는 다른 외신에서는 찾아보기 힘든 깊이 있는 분석이었다.

10월 18일 자 "부산 소요, 한국 정부 충격" 기사에서 후지다카 특파원은 다음과 같이 분석했다.

이번 소요에 참가한 시민의 실체는 아직 명확하지는 않지만, 현지로부터의 정보에 의하면 대학 시험에 실패한 재수생 및 젊은 층, 서비스업의 종사자, 저변 근로자가 많다 한다. …… 생활상의 불만이 학생들의 데모 행위에 촉발되어 폭동 상태로 된 것 같다. …… 학생들이 빈부 격차의 해소를 요구로 내건 사실도 주목된다. 왜냐하면 지금까지 정치적 자유에 대한 요구에 편중해 왔던 학생들이 분배 문제에 눈을 돌리기 시작한 징조로 보이기 때문이다.

이 분석은 부마항쟁이 '자유'를 향한 민주화 투쟁인 동시에, 고도성장의 그늘에서 소외된 서민들의 '생존'을 위한 투쟁이었음을 간파한 것이다. 그는 "최근의 불황하에서 중소기업의 도산이 줄을 잇고, 실업자도 증대되는 경향"을 지적하며, "이러한 청년들의 불만을 어떻게 해소할 것인가? 현 정권에 부과된 과제는 많다"고 덧붙였다. 항쟁이 터져 나올 수밖에 없었던 구조적 모순을 정확히 짚어 낸 것이다.

진보적 시선: "힘에 의한 억압만이 능사는 아니다"

《아사히신문》은 단순한 관찰자에 머무르지 않았다. 이들은 사설을 통해 유신정권의 강경 대응을 비판하고 민주적인 해결책을 촉구하는 진보적 입장을 분명히 했다. 10월 19일 자 사설 "유념해야 할 한국의 이상 사태"는 그들의 시각을 명확히 보여 준다.

최근 사태를 해결하는 데에는 힘에 의한 억압만이 아니라, 데모 발생의 원인을 냉정하게 분석하고 그 근간에서부터 곧바로 대응하는 것이 필요할 것이다. 그러한 결단을 한국 정부에 바라고 싶다. …… 정권 담당자가 이 결과(1978년 총선 결과)를 솔직히 받아들이지 않는다면, 그 배후에 있는 대중들의 불만이 폭발하게 될 것이다. …… 반대파의 비판의 소리에도 귀를 기울여야 하며, 민주주의를 육성해야 한다. 그러한 여유를 가질 수 있는 나라, 다양한 주장에도 견디어 낼 수 있는 나라여야 한다고 우리는 생각한다.

이 사설은 항쟁의 책임을 시민이 아닌 정권의 폭압과 독선에서 찾고 있다. 또한, 유신체제의 근본적인 변화 없이는 사태 해결이 불가능함을 역설하고 있다.

적확한 분석: "예방 쿠데타적 의미"

10·26사태가 발생하자, 《아사히신문》은 평론가 후지시마 우다이의 분석을 통해 이 사건이 부마항쟁과 어떻게 연결되는지 심도 있게 분석했다. 그는 10·26을 '정변 예방의 쿠데타'라고 규정하며 다음과 같이 설명했다.

결과적으로는 부산 등의 폭동이 전국으로 확대되어 큰 정변으로 발전하는 것을 막는 정권 내부의 예방 쿠데타적인 정치적 의미를 가지고 있다. …… 정치적·경제적으로 정권 교체가 요구되는 상황이다. …… 미국 중앙정보부(CIA), 한국 중앙정보부(KCIA)를 통해 예방적인 쿠데타를 획책했을 여지는 있다.

이는 10 · 26이 단순한 우발적 암살이 아니라, 아래로부터의 혁명이 체제 전체를 전복시키기 전에 기득권 내부에서 선제적으로 '뇌관'을 제거한 사건일 수 있다는, 매우 날카로운 통찰이었다.

이처럼 《아사히신문》을 비롯한 일본 언론은 부마항쟁을 유신체제의 종말을 알리는 결정적 사건으로 인식했다. 그들은 현상의 이면에 있는 경제적 모순과 민중의 분노를 읽어 냈고, 힘에 의한 억압이 결국 파국을 부를 것임을 경고했으며, 마침내 그 예언이 실현되는 과정을 생생하게 목격하고 기록했다.

권력에 맞서는 인간의 투쟁은,
망각에 맞서는 기억의 투쟁이다

—밀란 쿤데라

3부

유신정권 붕괴와 그 후

10월 26일: 궁정동의 총성, 부산에서 울리다

1. 유치장에서 들은 비보(悲報)

불행한 이야기지만 박정희 대통령은 중앙정보부장 김재규가 쏜 총탄을 맞고 사망했다. 그날이 1979년 10월 26일이었다. 부마항쟁 발생일로부터 열흘 후였다. 10·16 부산대 시위의 주동자였던 필자는 동래경찰서 유치장에서 그 소식을 접했다. 박정희의 죽음이라는 뜻밖의 사태를 마주하고 필자는 크게 당혹했다. 김재규는 유신정권을 지탱하는 지주(支柱) 역할을 했던 인물이다. 그런 사람이 박정희를 저격하여 살해한 행동을 어느 누가 상상이나 할 수 있었겠는가. 학생들이 외친 '독재 타도'는 독재의 종식을 의미하는 것이지, 독재자의 살해와는 전혀 차원이 다른 문제였다.

유치장의 학우들은 박정희 사망 소식을 접하고 "이제 살았다!"라며 환호했지만 필자는 그렇지 않았다. 더 큰 반동이 올지도 모른다는 불길한 예감이 들었다. 그리고 그 걱정은 기우가 아니었다. 긴급조치 해제로 석방된 것도 잠시, 몇 달 후인 1980년 5월 17일 비상계엄 확대 조치와 함께 필자는 다시 구속되었다. 박정희는 죽었지만, 박정희보다 더한 전두환 군사독재가 시작된 것이다.

2. 충격에 잠긴 공화국

10월 27일, 대한민국은 거대한 충격과 비탄에 빠졌다. 신문들은 "朴正熙 대통령 逝去", "朴正熙 대통령 被擊 逝去"와 같은 대문짝만한 제목으로 비보를 전했고, 라디오는 하루 종일 베르디와 모차르트의 진혼곡을 내보냈다.

가게 문을 열던 상인들은 문을 다시 닫아 버렸고 아침 일을 나가던 택시 운전사는 길가에서 차를 세운 채 운전대에 머리를 묻고 엉엉 소리 내어 울기도 했다.(《경향신문》)

동래구 신망애 양로원 노인들도 '하늘이 무너졌다'면서 통곡(《부산일보》)

국장은 9일간 이어졌고, 온 나라는 거대한 추모의 공간이 되었다. 불과 열흘 전 부산과 마산을 뒤덮었던 큰 함성은, 독재자의 갑작스러운 죽음이라는 더 큰 충격과 국가적인 애도 분위기 속에 흔적도 없이 사라져 버렸다.

3. 괴물의 부활과 전두환의 시나리오

박정희라는 권력의 정점이 사라진 바로 그날, 그 틈을 비집고 새로운 권력이 고개를 들었다. '계엄공고 제5호'에 따라 계엄사령부 내에 합동수사본부가 설치된 것이다. 그리고 그 책임자로 임명된 인물이 바로 보안사령관 전두환이었다. 10월 28일, TV 앞에 선 그는 붉게 충혈된 눈으로 '박정희 대통령 시해 사건'의 중간 수사 결과를 발표했다. 그의 시나리오는 명확했다. 10 · 26은 김재규가 차지철과의 권력 다툼에서 밀려나고 해임을 우려한 나머지, 대통령이 되겠다는 과대망상에 사로잡혀 저지른 '내란 목적의 살인사건'이라는 것이었다. 그의 발표 어디에도 '부마사태'나 '유신'이라는 단어는 없었다. 그는 시민들의 저항과 독재의 폭압이라는 역사의 맥락을 모두 지워 버리고, 사건을 한 개인의 패륜적 일탈로 축소시켰다.

4. 법정의 두 서사: 혁명인가, 망상인가

전두환의 시나리오 속에서 '대역죄인(大逆罪人)'이 된 김재규는 법정에서 전혀 다른 논리로 자신을 변호했다. 그는 자신의 거사가 민주주의를 위한 것이었다고 항변하며, '10·26 민주 회복 국민 혁명'을 주장했다. 그의 법정 진술은 놀랍게도 반체제 민주인사들의 주장과 거의 같았다.

10월 유신과 더불어 자유민주주의가 말살되어 버렸습니다. 10월 유신은 국민을 위한 체제가 아니라 박 대통령의 종신 집권을 위한 체제였습니다. …… 작년 부산과 마산 사태는 그러한 국민적 항거의 표본이었고 삽시간에 전국의 5대 도시로 확산될 것으로 확인되었습니다. …… 박 대통령이 바로 유신체제라고 보아도 좋을 것입니다. 따라서 유신체제를 깨기 위하여는 그 심장을 멈추게 할 수밖에 없었고 또 그것으로 충분하였습니다.

김재규는 유신체제의 정치, 경제, 안보 모든 면을 철저히 부정했다. 특히 그는 박정희가 집착했던 '자주국방'을 "현실적으로는 잠꼬대에 지나지 않는다"고 경멸하며, 미국과의 동맹 회복이 국익을 위한 길이라고 주장했다. 그는 유신 출범 직후부터 7년 동안 박정희 제거를 생각해 왔다고 진술했다. 하지만 재판부는 그의 혁명론을 "치졸한 작태", "시대착오적인 과대망상"으로 치부하며 사형을 선고했다.

5. 보이지 않는 손: 미국의 그림자

궁정동의 총성은 한반도뿐만 아니라 워싱턴 D.C.까지 뒤흔들었다. 미국이 10·26을 직접 지시하거나 공모했다는 '사주설'과는 거리가 있지만, 당시 카터 행정부의 인권 외교 압박과 외교적 언사들은 김재규에게 미국의 '묵시적 동조'라는 확신을 주었고, 이는 그의 거사에 결정적인 동기 중 하나로 작용했다. 글라이스틴 대사는 쿠데타를 지지할 수는 없었지만, 동시에 대규모 유혈 사태에 대한 깊은 우려를 표명했다. 김재규는 이 모호하지만 의미심장한 반응을, 박정희만 사라진다면 미국이 사후에 용인할 것이라는 '잘못된 녹색 신호등(wrong green light)'으로 해석했을 가능성이 크다. 수사 과정에서 그가 "내 뒤에는 미국이 있다"고 발언힌 깃은 바로 이러한 오판에 근거한 것이었다. 하지만 10·26 직후 미국의 첫 번째 반응은 민주주의에 대한 지지가 아닌, '안보 공백에 대한 우려'였다. 미국은 즉시 항공모함 키티호크호를 한반도 인근으로 급파하며 북한의 오판을 막는 데 주력했다.

6. 혁명을 삼킨 블랙홀

참으로 기묘한 일이었다. 박정희의 죽음과 함께 부산의 10·16과 마산의 10·18은 언론에서 완전히 사라졌다. 10·26은 '부마사태'라는 부정적인 단어만을 남긴 채, 그 항쟁이 왜 일어났는지, 무엇을 외쳤는지에 대한 모든 질문을 덮어 버렸다. 10·26은 부마를 삼켜 버린 블랙홀이었다. 그렇게 부마항쟁은 오랫동안 역사의 그늘에 묻히게 되었다. 박정희가 부활하여 역사의 영웅으로 추앙받는 동안에도, 김재규가 민주화의 투사로 재조명되는 동안에도, 이름 없이 거리로 나섰던 수많은 학생과 시민들의 자리는 없었다.

7. 알려지지 않은 이야기

비상계엄이 선포된 10월 18일 아침, 부산의 계엄관계관 회의에 참석했을 때만 해도 김재규는 박정희 대통령의 강경 노선을 그대로 따르고 있었다. 그런 그가 불과 8일 뒤 10·26으로 급선회했다. 도대체 무슨 일이 있었던 것일까? 궁정동의 총성은 정말 김재규 개인의 권력욕에서 비롯된 것이었을까? 최근 한 기자의 구술은 그렇지 않았다는 것을 강력하게 시사한다. 당시 《동아일보》 부산지국 이혜만 기자는 극동호텔 총지배인으로부터 전해 들었다며 다음과 같이 구술했다.

근데 특별히 중요한 거는 김재규가 부산에 체류하는 동안 잠을 거의 안 잤다는 거. 밖에 나와서 복도에 나와서. 그 극동호텔이 보통 호텔입니까 그게? 전국 신혼여행 부부들만 오는 유명한 호텔인데. 거기서 그 독방에, 중앙정보부장 방이 좋잖아요. 스위트룸일 텐데 거기서 안 자고, 안에 안 있고 밖에 나와 가지고 복도를 여기서 저까지 왔다 갔다 하면서 뒷짐 지고 한숨을 쉬더라는 겁니다. 그게 나는 그때 아마 김재규가 시해를 아마 마음먹은 게 아닐까. 나는 그렇게 봐요. 이거 그대로 뒀다가는 전국에서 폭발하겠구나. 극도로 민심이 극도로 나쁜데 장기 집권하다가는 나라가 무슨 꼴 날지 모르겠다는 걸 짐작을 했을 거고. 특히 '차지철이란 놈을 없애야지 된다' 그 생각을 했을 거예요. 차지철이 때문에 박정희가 정신을 못 차리고 놀아났거든. 그래서 차지철 먼저 쏘고 '버러지 같은 놈' 하고 쐈잖아요. 그래서, 그래서 그랬다고 나는 감히 추측을 해요. 근데 내 추측이 맞을 거야 아마. 김재규가 살아 있다면은. 그

래서 나는 김재규를 나는 애국자라 했어요, 처음부터. 그 사람
은 애국자다. 비록 대통령을 시해했지만은 그게 참된 마음에
서 나온 거지 지가 잘 먹고 잘 살자고, 특히나 지가 대통령 될
라고 그런 건 아니잖아요? 지가 대통령 된다고 했으면 사전에
육참총장이나 전부 짜 가지고, 내통해 가지고 준비를 했을 거
아니에요? 이게 갑자기 우발적인 사건이거든. 저놈 새끼 저거
차지철이 쏴 죽여야겠다, 차지철이 쓰러진 그다음에 박정희를
쏴 버린 거 아니야. 그때 그 자리에 심수봉이가 있었지. 심수
봉이는 그 장면을 똑똑히 알 거라 지금도. 이 버러지 같은 놈.
진짜 버러지 같은 놈 맞거든. 송충이 같은 놈이야. 생긴 게 송
충이같이 생겼으니까.[1]

　이 구술을 뒷받침하듯, 당시 시위는 단순한 학생 시위를 넘
어 시민들까지 합세하는 양상이었다. 시민들은 학생들을 보
호하고, 물과 콜라를 나눠 주었으며, 옷이 찢어진 학생들에
게는 새 옷을 입혀 주기도 했다. 심지어 경찰에 잡혀가지 않
도록 신사복을 입혀 학생이 아닌 것처럼 보이게 도와주기까지
했다. 그러니 이혜만 기자의 증언처럼, 김재규가 목격한 것은
단순한 '학생 소요'가 아니라 유신체제를 거부하는 '민심의 이

1　　『2022 부마민주항쟁 구술사료집2』, 281~282쪽 참조.

반' 그 자체였던 것이다. 스위트룸을 두고 밤새 복도를 서성이며 고뇌했던 중앙정보부장의 모습은, 그가 현장에서 받은 충격의 크기를 짐작하게 한다. 이 참혹한 현장에서의 충격은 그에게 유신체제의 종말을 직감하게 했으며, '자신이 직접 끝내야 한다'는 결심을 굳히는 계기가 되었을 것이다. 김재규의 급변침을 이해할 수 있는 하나의 단서가 확보되었다. 궁정동의 총소리는 부산에서 준비된 것이었다.

열흘, 청년이 역사가 되다

1. 유신을 붕괴시킨 결정적 계기

10·26 사건은 역사의 거대한 아이러니였다. 대학생과 근로 청년들이 거리에서 목숨을 걸고 외쳤던 '독재 타도'는 누구도 예상치 못한 방식으로, 독재의 심장부에서 터져 나온 총성에 의해 실현되었다. 김재규는 법정에서 "야수의 마음으로 유신의 심장을 쏘았다"고 말하며, 자신의 거사가 자유민주주의 회복을 위한 혁명이었음을 주장했다. 실제로 그는 부마항쟁을 단순 소요가 아닌 '민란'으로 보고하며 강경 진압을 반대했고, 이는 박정희 대통령과의 갈등을 격화시킨 주요 원인이었다. 이처럼 부마항쟁이 10·26의 직접적인 도화선이 되어 18년간 이어지던 박정희 독재를 무너뜨린 것은 명백한 역사적 사실이다. 이것이 부마항쟁이 갖는 가장 큰 역사적 의미다.

하지만 박정희의 죽음은 부마항쟁에 또 다른 시련을 안겨주었다. 대통령의 갑작스러운 서거라는 충격적인 사건은 전

국민의 관심을 블랙홀처럼 빨아들였다. 불과 열흘 전 부산과 마산의 거리를 가득 메웠던 수만 명의 함성은 순식간에 역사의 뒷전으로 밀려나고 말았다. 10·26은 부마항쟁을 삼켜 버린 블랙홀이었고, 항쟁의 진상규명과 역사적 평가가 제대로 이루어질 기회조차 갖지 못한 채 '잊혀진 항쟁'이 되어 버렸다.

결정적으로, 10·26은 진정한 민주주의의 봄을 가져오지 못했다. 박정희라는 절대 권력의 공백을 파고든 것은 또 다른 군인이었다. 합동수사본부장이었던 전두환은 10·26 사건을 '김재규 개인의 집권 욕심에 의한 내란 목적의 살인'으로 규정하며 부마항쟁의 의미를 의도적으로 축소했다. 그는 이 수사 과정을 통해 권력의 중심부로 진입했고, 12·12 군사 반란과 5·18 광주항쟁 무력 진압을 거쳐 새로운 군사독재의 시대를 열었다.

2. 청년혁명, 그 5가지 특징

그렇다면 누가 이 거대한 혁명을 이끌었는가? 앞서 분석한 연행자 데이터는 그 답을 명확히 보여 준다. 항쟁의 주역은 대학생, 그리고 정권이 '불량배'와 '똘마니'라 낙인찍었던 10

대 후반과 20대의 근로 청년들이었다. '열흘 혁명'은 특정 계층의 저항을 넘어, 유신체제가 가하는 모든 억압에 맞선 '청년 세대의 총체적 항쟁', 즉 '청년혁명'이었다. 그 특징은 다음과 같다.

첫째, 소수의 비운동권 학생이 투쟁의 선봉에 섰다. 부산의 청년혁명은 시국에 민감한 소수의 대학생이 경찰·정보 당국의 감시를 뚫고 학내에서 시위를 조직하는 데 성공하면서 시작되었다. 흥미로운 점은 이들이 소위 '운동권'이 아니었다는 사실이다. 실제 10·15 사건의 주역인 이진걸, 10·16의 주역인 필자 모두 운동권 멤버가 아니었다. 당시 부산대 운동권은 신생 언더서클로서 학습 모임의 성격이 강했고, 반유신 투쟁에 대해 시기상조라는 입장을 가질 정도로 몸을 사렸다. 오히려 필자와 경제학과 학우들의 스터디 그룹 '경제학과 7인조'처럼, 운동권이 아니면서도 비판경제학 서적을 탐독하며 운동권을 능가하는 시국 인식과 행동력을 가진 학생들이 선봉에서서 반유신 투쟁을 이끌어 냈다.

둘째, 학생 대중의 자발적이고 폭발적인 참여가 있었다. 10월 16일 오전 9시 53분, 부산대에서 선언문이 뿌려지고 시위가 시작된 지 한 시간 만에 1,000명에서 2,000명의 학생이 결집했다. 주류적 설명처럼 외부 재야운동과 연계된 운동권의 조직적 개입이 아니라, 부산대 내부에 광범하게 형성되어 있던 '사회비판 의식'이라는 내재적 요인이 폭발한 것이다. 필자의 논문에서 다룬 당시 경제학과 2학년 하창우 학생의 사례는 이를 명확히 보여 준다. 그는 운동권이 아니었지만 스터디 그룹을 통해 비판경제학을 학습하며 높은 수준의 비판의식을 갖게 되었고, 10 · 16 투쟁에 적극적으로 가담했다.[1]

셋째, 민주화 운동사에서 유례없는 '도심 결집 투쟁'을 보여 주었다. 한국 민주화운동 역사상 학생 시위대의 최장 거리 가두 진출 기록은 4 · 19나 6 · 10이 아닌, 바로 부마항쟁이다. 1979년 10월 16일 부산대 학생들이 장전동 교문을 시작으로 경찰 저지선을 뚫고 당시 부산의 심장부였던 남포동과 부민동 일대까지 진출한 총 이동 거리는 무려 17.6㎞에 달했다. 이는 철저한 언론통제 상황에서 학생들 스스로가 하나의 거대한 '뉴스 속보'가 되어, 온몸으로 유신 독재의 종식을 외친 위대한 투쟁이었다. 이들의 행진은 동아대 등 다른 대학과 고등학생, 그리고 저변의 근로 청년들까지 항쟁에 동참하게 만드는 결정적 기폭제가 되었다.

넷째, 대학생과 저변 근로 청년의 자발적인 연대가 이루어졌다. 《아사히신문》의 후지디가 기자는 "이러한 시민들이 학생들과 '공동 투쟁' 계획을 세웠다고 생각하기에는 어렵고,

---

1 정광민, "부마민주항쟁 시기 부산상대생의 반유신 시위 연구", 『한국과 세계』(제7권 3호), 2025.

생활상의 불만이 학생들의 데모 행위에 촉발되어 폭동 상태로 된 것 같다"고 분석했다. 그의 분석처럼 계획된 공동 투쟁은 없었지만, 거리에서는 자연발생적인 연대가 이루어졌다. 그 요인은 복합적이었다. 《아사히신문》이 지적했듯, 박정희 정권 말기의 경제난과 분배 문제에 대한 불만은 중요한 배경이었다. 하지만 더 큰 참여 동기는 '독재정치 반대'(45.1%)와 '학생들의 주장이 옳아서'(23.5%)라는 정치적 명분이었다.[2] 학생들은 '유신 철폐'뿐만 아니라 노동자의 빈곤과 소득분배의 공정성을 요구했고, 이는 근로 청년들의 깊은 공감을 얻었다. 대학생의 선도적 투쟁에 담긴 도덕적 힘이 근로 청년들을 거리로 이끈 것이다.

다섯째, 격렬한 저항 속에서도 성찰적 태도를 보였다. 항쟁 과정에서 나타난 파출소 공격 등 폭력적 양상에 대해, 참여자들은 복합적인 태도를 보였다. 일부는 이를 저항 폭력으로 정당화했지만, 동시에 많은 참여자가 그 과격성에 대해 우려하고 성찰했다. 학생 시위 주도자였던 김영은 "학생들은 그렇게까진 안 하는데 이분들이(=도시빈민 등) 이렇게(=불태우고) 하니까 우리는 막 신이 나면서도 두려웠다"고 구술했다.[3]

<hr>

2   차성환, 『부마항쟁과 민중』, 한국학술정보, 2014, 172쪽.
3   민주주의사회연구소 엮음, 『부마민주항쟁증언집: 부산편1』, 부산민주항쟁기념사업회, 2013, 245쪽.

항쟁에 참여한 노동자 대상 설문조사에서도 절반이 참여 방법이 과격했다고 답했다. 그럼에도 불구하고 연대는 굳건했다. 배관공이었던 한 청년은 "정치적 잘못은 기성세대가 했는데 왜 어린 동생 같은 학생들이 희생되어야 하는가"[4]라는 책임감을 느꼈고, 해양고를 졸업하고 실습을 마친 예비 선원이었던 한 청년은 "대학생들이 어깨동무를 하고 구호를 외치고 노래를 부르면서 열을 지어 가는"[5] 모습을 보고는 억눌려 있던 저항 의식이 터져 나와 시위 대열에 합류했다고 증언했다.

3. 꺼지지 않는 불씨: 5·18 투쟁과 6월 항쟁으로

부산의 5·18 투쟁

– 5·17 예비검속 탄압: 정광민(필자)의 사례

필자는 1979년 12월 8일 긴급조치 9호가 해제되면서 석방되었다. 다행히 제적 등 학적 변동은 없었다. 1980년 2월 이호철과 필자 등 부마 관련자 6인은 서울로 갔다. 아직 석방되지 못한 부마 동지들의 고등군법회의 항소심 재판을 응원하기 위

<hr>

4 민주주의사회연구소 엮음, 『부마민주항쟁증언집: 부산편2』, 부산민주항쟁기념사업회, 2013, 39쪽. 곽동효의 구술 참조.
5 『2022 부마민주항쟁 구술사료집1』, 367쪽. 김태조의 구술 참조.

해서였다. 우리 일행은 재판이 끝나고 동교동의 김대중 선생 자택을 방문했다. 우리를 DJ 자택으로 인도한 사람은 노경규 선배였다. 노 선배는 민주헌정동지회의 부산 조직책이었다. 조태원 선배도 동행했다. DJ는 응접실에서 일행들에게 이런 말을 했다.

> 부마항쟁은 학생 · 시민들의 영웅적인 거사이며, 10 · 26사태는 부마항쟁의 연장선상에서 일어났다. 한국 역사에 있어서 3대 민중운동을 꼽는다면 동학혁명, 4 · 19의거, 10 · 16 부마항쟁이다.[6]

우리는 어마어마한 말씀을 들었다. 부마항쟁이 한국사에서 3대 민중운동이었다고! 어디에서도 들어 보지 못한 이야기였다. 가슴이 웅장해지고 구름 위를 붕붕 날아다니는 기분이었다. 면담을 마친 후엔 마당으로 나와 DJ와 기념사진을 찍었다. 지금 보면 역사적인 사진이다. DJ와 부마 관련자가 함께한 사진! 하지만 5 · 17로 구속되었을 때 필자는 이 건으로 크게 곤욕을 치렀다.

---

6 "김대중 등 24명 공소사실 전문", 《부산일보》, 1980.8.14. 기사 원문에는 '부마사태'로 표기되어 있다.

동교동 자택을 방문하고 김대중 선생과 기념 촬영을 한 부마항쟁 관련자들. 왼쪽부터 노경규(동교동 인사), 조태원, 이호철, 정광민(필자), 신재식, 임정식, 이주홍, 차선근.

1980년 3월 필자는 경제학과 3학년이었다. 학기 초 이청연(경제학과 3학년)과 함께 경제사연구회를 발족하고 후배들을 모아 경제사 공부를 시작했다.[7] 3~4월 서울의 봄과 함께 부산대에서도 학원 민주화 운동의 바람이 불었다. 이 시기의 운동

7   79학번 김정호(경제학과), 79학번 정인화(경영학과), 80학번 하근(경제학과), 81학번 김현철(경영학과) 83학번 정윤재(경제학과)도 멤버였다. 정윤재는 1986년 부산대 총학생회 회장으로 당선되었다. 김정호는 김해시(을)의 현역 의원이다. 경사(약칭)는 1980년대 중반 이후 부산대의 중심적 운동권 서클로 성장했다.

은 복학생이 주도했다. 이들이 만든 조직이 학생대표자회의
였다. 이 기구는 총학생회를 구성하기 위해 이리저리 움직였
지만 지지부진했고 선거는 5월에서야 치러졌다. 그나마 운동
권이 밀었던 조태원은 낙선했다. 부산대 운동권의 한계가 노
정된 것이다.

그럼에도 부산대 학생들의 민주화 열기는 뜨거웠다. 5월 9
일 11시부터 부산대학교 대운동장에서 학생 500여 명이 스크
럼을 짜고 시위를 벌였다. 5월 14일 오후 1시 대운동장에 모
여든 학생들은 "비상계엄 해제하라", "유신 잔당 물러가라"는
구호를 외쳤다. 오후에는 도서관을 점거하고 다음 날 오전 9
시까지 철야 농성을 했다. 이 투쟁에 참가한 학생들은 무려
1,500명이나 되었다.[8]

필자도 농성에 참가했다. 그리고 5월 17일 우암동 집에 늦
게 귀가해서 집에서 쉬고 있을 때였다. 아마도 자정 무렵이었
을 거다. 험상궂은 두 사내가 "정광민이 있나." 하면서 바깥
문을 열고 집 안으로 들어섰다. 필자는 직감적으로 '나를 잡으
러 왔구나.' 하고 느꼈다. 소름이 끼치는 일이었지만 어쩔 수
기 없었다. 그들은 필자의 양쪽 팔을 잡고 검은 지프차에 태
우고는 망미동의 삼일공사(=보안대 부산분실)로 끌고 갔다.

---

8   제2관사 보통군법회의 판결문 「조서」(1980.8.8.).

지하실에 들어서자 여기저기서 비명 소리가 들렸다. 보안사 군인들이 먼저 잡혀 온 학우들을 개 패듯이 패고 있었다.

필자는 지시에 따라 사복을 벗고 군복으로 갈아입었다. 그러자 군인들 네댓이 달려들어 마구 구타를 하기 시작했다. 쓰러지면 군홧발로 짓밟았다. 그렇게 맞기를 10분 20분 정도 지났던 것 같다. 보안사가 노린 것은 공포 분위기였다. 처음부터 학생운동가들의 기를 꺾어 놓으려고 무자비한 폭력을 행사한 것이다. 필자는 얼떨결에 끌려와 우악스런 보안대 군인들에게 얻어맞고 있는 현실이 기가 막혔다. 두렵기도 했다. 하지만 아무런 대책이 없었다. 그저 맞을 수밖에 없었다.

그러고서 수사가 시작되었는데, 5월 19일 아침 지하 취조실이었다. 수사관의 책상 위에는 《경향신문》이 놓여 있었다. "비상계엄 전국 확대", "정치활동 중지—전 대학 휴교령", "김대중 씨 연행", "학원사태 주동자 등 다수도" 등의 기사가 1면을 꽉 채웠다. 그제야 필자는 자신이 왜 끌려온 것인지 정확히 알게 되었다. 엄청난 충격이었다. 일순 절망감에 사로잡혔다. 앞이 깜깜해졌다.

당시 보안사는 필자가 DJ 자택을 방문한 사실을 파악하고 있었다. 그들은 자금 수수 관계를 집중 추궁하였다. 후일 알게 된 사실이지만 같이 구속된 조태원은 총학생회에 출마하면

서 DJ로부터 ‘34만 원’이란 돈을 받았다.[9] 그와 함께 DJ를 방
문한 필자가 자금 관계를 추궁당하는 것은 어쩌면 당연한 일
인지도 모른다. 하지만 필자는 DJ로부터 1원 한 푼 받은 사실
이 없었다.

그렇게 40일가량 삼일공사에서 수사를 받고 필자는 계엄법
위반으로 구속되었다. 적용된 법은 1979년 10월 27일 선포된
비상계엄령 포고문 제1호 제1항(=옥내의 집회 및 시위는 허
가를 받아야 한다)이었다. 이 10·27의 비상계엄령은 10·26
사태로 생긴 것이다. 기묘하게도 자신을 다시 잡아넣은 것이
결국 죽은 박정희였다는 생각이 들었다.

수사 종료와 함께 필자는 양정의 15P 헌병대로 이첩되었다.
헌병대로 이첩된 후에도 구타는 계속되었다. 당시 헌병대는
학생들에게 강제적으로 삼청교육과 비슷한 피티체조를 시켰
다. 하루는 아침 식사가 끝나고 운동장에서 예의 피티체조를
하고 있었다. 그런데 갑자기 한 교관이 곤봉으로 필자의 엉덩
이를 가격했다. 벌떡 일어나서 항의했다. 왜 때리는 거냐고.
그러자 난리가 났다. “뭐? 이 자식 봐라! 왜 때리냐고?” 교관
들이 득달같이 달려들어 필자를 끌고 빈 막사로 갔다. 그러
고서 구석진 곳에 처박아 놓고 헌병대 군인들 네댓이 군홧발

9   《경향신문》, 1980.5.22.

로 마구 짓밟고 때렸다. 한 30분 정도 맞았지 싶다. 거의 초주 검이 됐다. 수갑 찬 손에서는 피가 뚝뚝 떨어졌다.[10] 학생들 이 수용된 내무반으로 돌아왔을 때는 점심시간이었다. 앉을 기력조차 없어 누워 있었다. 다른 사람들은 아무 일이 없었던 것처럼 숟가락을 들고 태연히 밥을 먹었다. 참으로 무심하다 는 생각이 들었다. 그때였다. 김영이 입을 뗐다.

"광민이가 저렇게 맞고 아파서 밥을 못 먹고 있는데 우리가 어찌 밥을 먹을 수 있겠습니까? 같이 단식합시다."

필자는 그때의 김영을 잊지 못한다. 의리가 있고 어른스러 웠다. 고맙기도 했다. 이렇게 해서 15P 헌병대에서 단식투쟁 이 시작되었다. 헌병대가 생긴 이래 아마 처음 있는 일이었을 것이다. 보고를 받은 보안대 사람들이 놀라서 곧바로 달려왔 다. 그들은 학생들의 요구사항이 무엇인지 물었고, 학생들은 부산교도소로 이감해 달라고 요구했다. 학생들의 요구는 받 아들여져 곧 이감되었다.

그 후 제2관사 보통군법회의는 1980년 8월 25일 필자에 대 해 징역 1년 6월 실형을 선고했다. 부산대학교는 실형 판결이 나오기도 전에 잽싸게 출학 처분했다.[11] 석방된 깃은 다음 해 인 1981년 3월 3일이었다.

10　『2020 부마민주항쟁 구술 사료집 2』, 322쪽, 유덕열의 구술 참조.
11　부산대학교의 출학 처분 일자는 1980년 7월 29일이었다.

1980년 5월 18일 광주에서 항쟁이 시작된 날, 부산에서도 청년 3인이 모였다. 오후 4시경 김영과 남경희(부산사대, 수학교육과 3학년)는 부산대 부근의 노재열의 자취방에서 만났다. 이들은 "지금 광주에서 유혈 사태가 발생했는데, 우리가 이대로 있어서 되겠는가. 내일이라도 남포동 거리에 나가서 우리가 이 사실을 시민들에게 알려야 하지 않겠는가."[12] 이런 논의를 했다. 그리고 급히 선언문 문안을 잡았다. 김영이 작성한 선언문 제목은 '부산대학교 성전 포고문에 즈음하여'라는 글이었다. 선언문의 일부 내용은 다음과 같다.[13]

당국은 5 · 18 반동 조치로서 계엄 확대 강화 및 민주인사 구속 등 실로 목불인견적 탄압을 가하는 바 …… 현 정권의 음모와 반민주적 태도는 조국의 통일과 민주화를 열망하는 우리 부대인에 촌보도 양보될 수 없다. …… 또다시 유신 망령이 해골을 굴리며 나오는 이때…….

이들은 위의 내용이 담긴 유인물 500여 매를 등사했다. 그리고 다음 날인 5월 19일 오후 7시 30분경 남포동의 부영빌딩

12　남경희의 구술(2012. 12. 9.)

13　제2관사 보통군법회의 판결문 「조서」(1980. 8. 8.)

10층[14]에 올라가 창문을 통해 그중 200매를 살포했다. 김영과 남경희는 현장에서 체포되었다. 남경희는 삼일공사로 끌려와 심하게 맞았다. 여학생인데도 인정사정없었다. 보안대 군인들은 엎드려뻗쳐를 시키고는 빠따 같은 걸로 마구 때렸다. 얼마나 맞았던지 엉덩이 맞은 자리가 부어서 바로 누울 수가 없을 정도였다. 며칠간은 엎드려 자야 했다.[15] 남경희는 1주일 후 각서를 쓰고 훈방되었다. 김영은 제2관구 보통군법회의에서 3년을 선고받고 항소했으나 우여곡절 끝에 선고유예 처분을 받고 석방되었다. 노재열은 한동안 도피 생활을 하다가 체포되어 계엄법 위반으로 구속되었다.

부산 6월항쟁의 동력, '부마세대'

1987년 부산 6월 민주항쟁의 핵심 동력은 1979년 부마항쟁을 경험한 '부마세대'였다.

– 부마항쟁이 6월 항쟁에 미친 영향(故 고호석[16]의 평가)

부산 6월 항쟁의 구심점이었던 '민주헌법쟁취국민운동 부산

---

14 위의 「조서」 참조.

15 남경희의 구술(2012.12.9.)

16 고호석은 2019년 11월 25일 별세했다. 문재인 정부는 고인에게 국민훈장 모란장을 추서했다. 고호석과 함께 활동했던 최병철은 2024년 6월 별세했다.

본부'(부산 국본)의 핵심 실무진(고호석, 최병철, 이호철 등)
은 모두 부마세대였다. 고호석은 부마항쟁의 경험이 6월 항쟁
에 다음과 같은 결정적 영향을 미쳤다고 평가한다.[17]

부마항쟁으로 독재를 끝내지 못했다는 '미완의 과제'가
1987년 항쟁의 가장 강력한 동력으로 작용했으며, 광주항쟁
의 트라우마와 달리, 부마항쟁은 박정희 유신 독재를 끝냈다
는 '성공의 경험'으로 남아 시민들에게 자신감을 주었다. 나
아가 8년 전 부마항쟁 당시 체득했던 게릴라식 시위 경험이
1987년 더욱 조직적이고 자신감 있는 거리 투쟁의 밑바탕이
되었고, 부마항쟁 이후 투옥 등을 겪으며 더욱 단단해진 주
도 세력과 새로운 학생운동 세력이 결합하여 리더 그룹이 훨
씬 두터워졌다.

– 항쟁을 이끈 부마세대 인물들[18]

부산 국본의 핵심 3인방 외에도 부마항쟁을 겪으며 성장한
여러 '역전의 용사'들이 6월항쟁을 이끌었다. 먼저 김정호는
부마항쟁 당시 대학 1학년으로 시위에 참여했으며, 6월 항쟁
때는 부산 국본 선전국장을 맡았다.[現 김해시(을) 3선 국회

---

17   고호석의 구술(2017.7.17.)

18   영역은 다르지만 문학계의 구모룡 교수 역시 부마세대이다. 부산과
      대한민국을 이끌어 온 수많은 부마세대가 있으며, 향후 다른 글에
      서 이들을 소개할 기회가 있기를 바란다.

의원] 정귀순은 부마항쟁을 겪으며 노동운동에 투신했으며, 6월 항쟁 당시 노동팀의 연결고리 역할을 했다.[現 (사)부산인권플랫폼 파랑 이사장, 2025 한국노동대상 수상] 유장현은 정귀순과 함께 부산 국본과 노동팀을 연결하는 역할을 수행했다.[19]

– 부마세대와 노무현 · 문재인의 운명적 만남과 유산

노무현과 문재인의 인연은 부마세대들이 부림사건 등에 연루되었을 때 변호사로서 변론을 맡으며 시작되었다. 6월항쟁 당시 노무현 변호사는 '야전사령관', 문재인 변호사는 '전략참모' 역할을 했다. 이후 이호철 등 부마세대는 노무현의 정계 진출을 적극적으로 도우며 그의 대통령 당선에 중요한 역할을 했다. 부마항쟁은 유신 독재를 종식시키고 1980년 광주, 1987년 6월항쟁으로 이어지는 대한민국 민주주의 역사의 중요한 디딤돌이었다.[20]

19   고호석의 구술 참조.
20   김정호 의원 블로그 참조.

4. 시월 정신과 오늘의 민주주의

'열흘 혁명'이 남긴 '부마정신' 혹은 '시월정신'은 단순히 과거의 역사적 사건에 머무르지 않는다. 이는 현재를 살아가는 우리에게 민주시민으로서 가져야 할 책임과 역할이 무엇인지 끊임없이 되묻는다.

2024년 12월 3일, 윤석열 전 대통령이 선포한 비상계엄은 대한민국 민주주의에 깊은 상처를 남겼다. 특히, 계엄 계획 문건에서 1979년의 위대한 저항을 '부산 소요 사태'로 폄하한 것은, 시민의 저항을 폭동으로 규정하는 권위주의적 시각이 45년이 지난 시점에도 여전히 살아 있음을 보여 주었다. 하지만 바로 그 순간, '시월 정신'은 다시 한번 깨어났다. 계엄령이 선포되자마자 1979년 혁명의 진원지였던 부산대학교 학생들이 가장 먼저 움직였다. 그들은 즉각 '제2의 부마항쟁'을 선언하며 계엄 반대 성명서를 발표하고 민주주의 수호를 외쳤다. 45년의 세월을 뛰어넘어, 선배들이 지켜 낸 민주주의를 짓밟으려는 시도에 후배들이 똑같은 저항의 함성으로 응답한 것이다.

불의에 저항하고, 민주주의의 가치를 수호하기 위해 연대했던 청년들의 정신은 오늘날 민주시민교육의 핵심적인 가치가 되어야 한다. 부마항쟁과 같은 역사적 사건을 통해 우리는 민주주의가 결코 쉽게 주어진 것이 아니며, 수많은 시민의 희생과 헌신으로 이룩된 소중한 가치임을 배우게 된다. 결국 시월 정신의 계승은, 민주주의를 위협하는 그 어떤 시도에도 흔들리지 않는 미래 세대를 길러 내는 단단한 초석이다.

역사 전쟁 : 누가 역사를 지우는가

역사는 단순히 지나간 과거가 아니라, 현재에도 계속되는 치열한 '기억 투쟁'의 장(場)이다. 승자의 기록이 아닌 '진실'을 남기기 위한 싸움이다. 국가기념일로 지정된 부마항쟁의 역사 역시 이 전쟁에서 예외가 아니다. 진실을 기록하고 기억하려는 노력의 이면에는, 항쟁의 첫 불꽃을 의도적으로 지우고, 시간을 조작하며, 역사의 주역을 '익명' 뒤에 숨기려는 조직적인 시도가 존재한다. 이 장은 그 보이지 않는 손, 역사를 지우는 전쟁의 가해자들이 누구이며 그들이 어떻게 우리의 기억을 왜곡하고 있는지 그 실체를 정면으로 추적한다.

1. 행정안전부의 역사 왜곡: '민주항쟁'이 '반민주시위'가 되다

2019년 9월 17일, 행정안전부는 부마항쟁의 국가기념일 지정을 알리는 보도자료를 배포했다. 그러나 함께 첨부된 "부마민주항쟁 개요 및 의의"라는 제목의 자료는, 항쟁의 역사를 기념하기는커녕 오히려 심각하게 왜곡하는 여러 문제점을 드러냈다.

부마민주항쟁의 전개 과정

일자	주요 내용
1979년 5월	김영삼 의원, 최연소 총재 당선(신민당 전당대회)
1979년 8월	YH무역 노동자 200여 명 신민당 당사 점거 농성
1979년 9~10월	공화당, 김영삼 총재 징계동의안 제출 및 제명안 통과
1979년 10월 15일	부산대, 민주선언문 배포 및 교내 시위 준비
1979년 10월 16일	부산대학교 교내 시위를 시작으로 학생 · 시민 5,000여 명 주도, 반민주시위 전개
1979년 10월 18일	부산 지역 비상계엄령 선포 및 1,058명 연행, 66명 군사재판 회부
1979년 10월 18일	경남대학교 교내 시위를 중심으로 마산 · 창원, 진주 지역 등 시위 확산
1979년 10월 20일	마산 · 창원 지역 위수령 발동 및 506명 연행, 59명 군사재판 회부

출처: 행안부가 작성한 부마항쟁 자료를 필자가 표로 정리

최초 시위 주체의 불명확성

행안부 자료는 '79.10.16. 부산대학교 교내 시위를 시작으로'라고만 기술하여, 시위의 구체적인 주체를 모호하게 표현했다. 부마민주항쟁의 첫 불꽃은 정확히 1979년 10월 16일 오전 9시 53분, 당시 부산대학교 상과대학 학생 50명에 의해 시작되었다.[1] 이는 국가기념일로 지정된 항쟁의 시발점으로서 매우 중요한 역사적 사실이다. 단순히 '부산대학교'로 뭉뚱그려서는 안 된다.

핵심 인물 및 선언문 누락

개요에는 항쟁의 이념적 배경과 도화선이 된 핵심적인 내용이 빠져 있다. 이날 부산상대생이었던 필자는 유신체제의 문제점을 조목조목 비판하고 유신헌법 철폐를 요구하는 '폐정개혁 선언문'을 작성하고 배포했다. 이 선언문은 시위의 명분과 방향을 제시한 핵심 자료이므로 반드시 언급되어야 한다.

명백한 오기 방치

10월 16일의 시민항쟁을 '반민주시위'라고 기술하고 있다. 이는 '반유신 시위' 혹은 '반독재 시위'의 명백한 오기이다. 단

---

1   정광민, 앞의 논문 참조.

순 오기로 보기에는 그 의미의 왜곡이 너무나 심각하다. 이러한 오류가 수년간 수정되지 않고 방치되고 있다는 사실을 과연 단순한 실수로만 볼 수 있겠는가?

부산을 경남 지역으로 묶는 어처구니없는 오류

위 자료는 '역사적 의의'를 서술하며 "부마민주항쟁은 경남 지역(부산·마산)의 시민과 학생들이……"라고 기술했다. 이는 부산광역시를 경상남도의 일부로 취급한, 대한민국 지리에 대한 기본 상식조차 결여된 어처구니없는 오류다. 더욱 심각한 것은, 2026년 1월 13일 오전 9시 현재까지도 이 엉터리 문건이 수정되지 않고 홈페이지에 그대로 게시되어 있다는 사실이다.

2. 국사편찬위원회의 역사 왜곡

국사편찬위원회(이하 국편)는 홈페이지에 '우리역사넷', '한국사데이터베이스' 등의 사이트를 운용하고 있다. 그런데 '우리역사넷'의 '사료로 본 한국사', '한국사 연대기', '한국사데이터베이스'의 '대한민국사 연표'는 부마항쟁 발생사 부분을 심각하게 왜곡하고 있다.

'우리역사넷'의 역사 왜곡

– 사료로 본 한국사: 허구를 쓰는 국편

국편 '우리역사넷'의 '사료로 본 한국사' 코너는 "부마항쟁 시 부산대학생들의 민주선언문"이라는 제목 아래, 역사를 심각하게 왜곡하는 해설을 버젓이 게시하고 있다. 이는 단순한 오류를 넘어 핵심 사실을 조작, 완전히 다른 이야기를 만들어 낸 '창작물' 수준이다.

해설은 10월 15일의 '민주선언문'과 '민주투쟁선언문'을 소개하며, 이 선언문들이 "부산대 대자보에 게재"되었고 "다음 날 항쟁이 본격적으로 시작되었다"고 서술한다. 이는 명백한 거짓이다. 먼저 두 선언문이 대자보에 게시되었다는 것부터 전혀 사실이 아니다. 나아가 이 서술은 15일의 선언문이 항쟁의 직접적인 원인인 것처럼 인과관계를 교묘하게 조작함으로써, 16일 항쟁의 진정한 도화선이었던 필자의 '폐정개혁 선언문'을 역사 속에서 완전히 지워 버린다.

역사 왜곡의 극치는 항쟁의 첫 장면을 묘사하는 대목이다. "부산대 학생들이 10월 16일 아침부터 학교 정문에서 경찰과 투석전을 벌였고……." 이는 완벽한 허구다. 부마항쟁은 '폐정개혁 선언문' 배포를 계기로 상과대학 앞에서 학생들의 평화적이고 자발적인 집결로 시작되었다. 이 역사적 사실을 무시하고, 시작부터 '정문'에서 '투석전'이 벌어진 것처럼 묘사한 것은 항쟁의 정당한 명분과 평화로운 시작을 폭력적으로 변질 시키려는 의도로밖에 볼 수 없다.

– 한국사 연대기: 날짜와 장소, 사료의 총체적 왜곡

'한국사 연대기'에 실린 부마항쟁 항목은 항쟁의 시작일을 17일로 잘못 기술해 국가기념일인 16일을 통째로 삭제해 버렸다. 또한 "16일에는 아침부터, 도서관 앞에서 약 500명의 학생들이 모여 반정부 시위를 시작했다"고 서술하는가 하면, 시위의 실제 발원지인 '상과대학'을 엉뚱한 '도서관'으로 조작했다. 심지어 16일에 배포된 문서를 15일의 '민주선언문'이라고 허위로 기술함으로써 항쟁의 기폭제가 된 '폐정개혁 선언문'의 존재를 의도적으로 감추고 있다.

'한국사데이터베이스'의 역사 왜곡

– 대한민국사 연표: 제목과 내용의 불일치, 그리고 엉뚱한 사진

'대한민국사 연표'의 1979년 10월 16일 항목은 "부산대생 5천여 명, 유신철폐…… 가두시위"라는 제목을 달고 있지만, 내용은 정작 15일에 배포된 '민주투쟁선언문'을 게시하고 있다. 더 심각한 문제는 함께 게시된 사진이다. 사진 속 시위대의 옷차림, 거리의 풍경, 화질 등으로 미루어 볼 때 1979년이 아닌 1987년 6월항쟁 당시의 사진일 가능성이 매우 높다. 이

는 국가 역사 편찬 기관으로서 기본적인 검증 능력과 책임감
마저 의심케 하는 심각한 사안이다.

3. 국가기록원 연표, '민주항쟁' 지우고 '대교 개통' 기록하다

　대한민국 역사의 공식 기록을 총괄하는 국가기록원의 연표
가 유신체제 붕괴의 도화선이 된 '부마민주항쟁'을 통째로 삭
제하고 그 자리를 토목 공사 기록으로 대체한 것으로 확인되
었다. 이는 단순한 누락을 넘어, 국가 권력에 의해 역사가 어
떻게 선택되고 왜곡될 수 있는지를 보여 주는 충격적인 사례
이다.

'항쟁의 날'에 기록된 '성수대교 개통식'

　국가기록원 연표의 1979년 10월 16일의 기록은 의도적인 편
향성을 명백히 보여 준다. 부마항쟁이 발발해 대한민국 민주
주의의 물줄기를 바꾼 1979년 10월 16일, 국가기록원 연표에
는 민주항쟁의 기록 대신 '성수대교 개통' 소식이 버젓이 자리
하고 있다. 시민들의 위대한 저항을 지워 버리고, 그 자리에
국가의 개발 성과를 채워 넣은 것이다. 더욱 기가 막힌 것은,

항쟁의 결과인 10월 18일 '부산 비상계엄 선포'는 연표에 기록되어 있다는 점이다. 이는 원인이 된 시민 항쟁은 의도적으로 배제한 채, 정권의 탄압 조치만을 기록함으로써 역사의 인과관계를 파괴하는 비상식적인 구성이다. 반면, 10·26사태와 박정희 전 대통령의 장례 절차는 조문객 현황까지 상세히 기술해, 시민의 역사는 지우고 권력자의 역사만 선택적으로 기록하는 편향성을 극명하게 드러낸다.

4대 민주화운동 중 유일한 '대체'

이러한 역사적 형평성의 문제는 심각하다. 국가기록원 연표에는 4·19 혁명, 5·18 민주화운동, 6·10 민주항쟁 등 다른 주요 민주화운동은 모두 빠짐없이 기록되어 있다. 오직 부마항쟁만이 민주주의 발전사의 주요 사건 목록에서 삭제되었고, 그 자리가 '성수대교 개통'이라는 사건으로 대체된 것이다. 이는 국가기관이 시민 저항의 가치를 폄훼하고 국가 주도의 개발주의를 우선시하는 역사관을 공공연하게 드러낸 것이다. 국가의 역사를 보존해야 할 국가기록원이 오히려 역사를 선별하고 대체하며 그 의미를 신가하게 훼손하고 있다.

4. 주역은 지워지고 오류는 방치: 부마재단 홈페이지의 심각한 문제점

　부마민주항쟁의 정신을 기리고 역사를 보존해야 할 부마민주항쟁기념재단(이하 부마재단)의 공식 홈페이지가 오히려 역사를 왜곡하고 항쟁의 주역을 지우는 심각한 모순을 보이고 있다. 더욱 심각한 것은, 2024년 세미나에서 이 문제가 공식적으로 제기되었음에도 불구하고 2025년 11월 1일 현재까지 1년 넘게 방치되고 있다는 점이다.

항쟁 주역의 익명화와 유명 강사 띄우기

　홈페이지의 가장 큰 문제는 '항쟁 주역의 익명화'이다. 유신 체제 종식의 도화선이 된 10월 16일 시위를 촉발시킨 '폐정개혁 선언문'의 작성자이자 첫 배포자인 필자(정광민)의 이름은 홈페이지 전면에서 찾아볼 수 없다. 대신, 재단은 유명 한국사 강사인 최태성 씨의 유튜브 영상을 삽입하여 항쟁을 설명하고 있다. 이 영상은 "부산대학교 강의실에서 한 학생이 선언문을 나누어 주며 외칩니다."라는 서술로, 역사의 핵심 인물을 '한 학생'으로 전락시킨다. 결국 항쟁의 주역은 지워지고, 그 자리를 유명 강사가 차지한 셈이다.

곳곳에서 발견되는 역사 왜곡과 정보의 모순

홈페이지 내 여러 콘텐츠는 기본적인 사실관계조차 맞지 않거나 서로 충돌하고 있다. '부마민주항쟁 타임라인', '부마길 탐방' 코너는 모두 항쟁이 "부산대학교 구 도서관 앞에서 …… 시작되었다."라고 반복해서 서술한다. 이는 시위의 실제 발원지가 아닌, 명백히 잘못된 정보다. 심지어 '부마길 탐방' 코너마저 실제 '부마민주항쟁 발상지 표지석'의 위치를 안내하지 않는 어처구니없는 구성을 보인다. 또한 '인포그래픽'은 10월 15일의 선언문들은 상세히 언급하면서, 정작 10월 16일의 핵심인 '폐정개혁 선언문'은 아무 설명 없이 사진만 덩그러니 게시했을 뿐이다. 반면, '부마아카이브'의 '부마일지'에는 필자(정광민)의 이름과 선언문이 첨부되어 있어, 홈페이지 내에서조차 정보가 통일되지 않고 파편화되어 있다.

부마민주항쟁 교육자료(만화)의 총체적 부실

부마재단이 미래 세대를 위해 2023년 발간한 공식 교육자료(만화) 「우리들의 부마 1979」가 핵심 인물을 익명 처리하고, 중대한 역사적 사실을 왜곡하는 등 총체적인 부실을 드러내고 있다.

먼저, 두 종류의 교육자료(중고등용, 일반용) 모두 항쟁의 불씨를 당긴 필자(정광민)의 이름을 지우고 "한 대학생"으로 익명화하는 오류를 범하고 있다. 자료에는 "10월 16일 오전 부산대 학생 한 명이 선언문을 나누어주며 외쳤다."라고 서술되어 있다. 이는 역사를 구체적인 인물의 결단이 아닌, 막연한 군중의 움직임으로 축소하는 심각한 왜곡이다.

시위 장면 속에서는 사실관계를 완전히 무시했다. 만화 속 설명에는 "시위에 참여한 부산대 학생들은 '자유'라고 적힌 종이를 들고"라고 되어 있다. 그러나 이는 명백한 허구이다. 당시 시위대 선두에 섰던 필자만이 유인물 뒷면에 '自由(자유)'라고 쓴 종이 피켓을 들었을 뿐, 다른 학생들은 구호를 외치고 노래를 부르며 행진했다. 이처럼 중요한 역사적 장면을 임의로 각색하여 사실을 왜곡한 것이다.

가장 심각한 문제는 기본적인 역사적 사실조차 틀리게 기술한 점이다. 만화는 박정희 전 대통령이 암살된 날짜를 1979년 10월 27일로 표기했다. 10·26사태는 대한민국 현대사의 매우 중요한 사건으로, 10월 26일을 모르는 사람은 거의 없다. 부마항쟁 기념재단이 발간한 공식 교육자료에서 이런 어처구니없는 오류가 발생한 것은 변명의 여지가 없다.

이처럼 주역을 지우고, 장면을 왜곡하고, 날짜까지 틀린 엉터리 자료가 아무런 검증 없이 재단 홈페이지에 게시되어 있다. 자료 감수를 맡은 김선미 씨나 박영주 씨는 이른바 '전문가'라는 이들인데, 과연 어떤 역할을 했는지 의문을 제기하지 않을 수 없다.

문제 제기 후에도 '방치'

가장 심각한 것은 재단의 '직무 유기'다. 이러한 문제점들은 이미 2024년 개최된 공식 세미나에서 지적되었음에도, 근 1년이 다 되어 가는 현재까지도 전혀 수정되지 않고 있다. 이는 재단이 부마항쟁의 역사를 올바르게 알리려는 의지 자체가 있는지 근본적인 의문을 불러일으킨다. 항쟁의 주역을 지우고 잘못된 사실을 퍼뜨리는 홈페이지를 방치하는 것은 재단의 존재 이유를 스스로 부정하는 행위이다.

5. 왜곡의 뿌리: '운동권 중심설'의 신화

10 · 16 최초 시위가 '연좌시위'였다?[2]

10월 16일 부산대에서 항쟁의 첫 불꽃이 피어올랐다는 것은 모두가 동의하는 사실이다. 하지만 '누가, 어떻게' 시작했는지를 두고는 기록마다 이야기가 조금씩 다르다. 이 미스터리의 중심에는 '운동권 중심설'이 있다. 이 주장은 당시 학생운

---

2 '운동권 중심설'을 비판한 글은 필자의 앞의 논문 참조.

동을 이끌던 소위 '운동권' 학생들이 사전에 시위를 기획했고, 도서관 앞에서 '연좌시위'를 벌이며 항쟁을 시작했다고 말한다. 심지어 공적 조사기구인 '부마민주항쟁진상조사위원회'의 보고서조차 이 연좌시위를 최초의 시위인 것처럼 서술하고 있다. 이 주장에 따르면, 앞서 1부에서 우리가 살펴보았던 필자와 상대생들의 시위는 운동권이 벌인 큰 판에 합류한 것에 불과하게 된다. 하지만 역사 탐정의 눈으로 증거들을 다시 살펴보면 이상한 점이 한두 가지가 아니다.

공식 보고서는 운동권 학생들이 오전 9시 30분에 모여 인원을 점검하고, 9시 40분에 연좌시위를 시작했다고 기록한다. 하지만 우리가 앞서 확인했듯, 필자는 이미 9시 10분에 상대 앞 벤치에 도착해 시위를 준비하고 있었다. 더 결정적인 것은 증언이다. 당시 운동권의 핵심 인물이었던 김종세 학생과, 소설가 김하기(본명 김영)조차 자신의 증언에서 '연좌시위'는 전혀 언급하지 않는다. 오히려 그들이 처음 본 것은 "상대 쪽에서 정광민이가 대열을 몰고 오는" 모습이었다. 만약 연좌시위가 먼저 있었다면, 그들이 그것을 못 봤을 리가 없다. 무엇보다 당시 상황을 가장 객관적으로 기록한 부산시경의 정보 보고 타임라인은 오전 9시 53분, 부산상대생 50명의 시위를 최초의 시위로 명확히 기록하고 있다. 이는 국가기관이 작성한 가장 정확한 공식 기록으로서, '운동권 중심설'이 사실과 다름을 강력하게 뒷받침한다.

결국 여러 증언과 기록을 종합해 보면, 운동권이 주도했다는 '연좌시위'는 존재하지 않았다. 연좌는 필자의 상대 시위대가 도서관에 도착한 이후에 벌어진 일이었다. 이것은 최근 공개된 동래경찰서 '실황조사서'에서도 명백히 확인된다.[3] 그렇다면 왜 이런 왜곡이 일어났을까? 항쟁의 시작을 '조직된 운동권'의 계획적인 행동으로 설명하고 싶었던 일부의 욕심이, 비운동권 학생들의 자발적이고 용기 있는 행동을 역사의 뒷전으로 밀어낸 것으로 볼 수밖에 없다.

6. 역사 전쟁의 첫 승전보: 어느 항쟁 주역의 서글픈 투쟁

1998년, 『부산민주운동사』 초판이 세상에 나왔다. 책의 1979년 연표에는 10월 15일 '민주선언문'을 제작하고 배포한 이들의 이름은 기록되어 있었다. 하지만 정작 부마항쟁의 불을 붙인 10월 16일 시위를 주도한 필자(정광민) 이름은 어디에도 없었다.

그로부터 십수 년이 흐른 5~6년 전, 필자는 연표 작성을 담

---

3   동래경찰서, '실황조사서', 1979.10.27.

당했던 박철규 박사에게 직접 전화를 걸었다. 그리고 물었다. "왜 10월 16일의 기록에 내가 빠져 있습니까?" 그는 다음 재발간 시에 반드시 수정하겠다고 약속했다. 솔직히 반신반의했다. 그러나 그의 말을 믿고 기다리는 것 외에 할 수 있는 일은 없었다.

23년이라는 긴 시간이 흐른 2021년, 마침내 그 약속은 지켜졌다. 1, 2권으로 재발간된 『부산민주운동사』의 수정된 연표 속 10월 16일의 기록에 '정광민'이 시위를 주도한 사실이 명확하게 기술되었다. 이로써 하나의 공식 기록물에서나마 역사의 진실이 바로 서게 된 것이다. 이것이 필자의 기나긴 '역사 전쟁'에서 거둔 첫 번째 승전보였다.

하지만 앞으로도 바로잡아야 할 왜곡된 역사는 너무나 많다. 어떤 날은 불쑥 화가 치밀어 오른다. 10·16 민주운동을 일으킨 필자가 왜 지금껏 이런 싸움을 계속하고 있어야 하는가. 지난 수십 년간, 최소한의 명예조차 지켜주지 않은 세상에 대한 섭섭함은 이루 말할 수 없었다. 결국 필자가 직접 나서서 나의 역사를 증명해야 한다는 이 현실이, 때로는 참 서글프다.

10 · 16 기념관이 없다!

1. 부마항쟁을 홀대하는 부산시

부마항쟁 발생일인 10월 16일이 국가기념일로 지정된 것은 2019년 9월이었다. 그해 부마항쟁 40주년 기념식은 행정안전부가 주관하는 첫 행사가 되었고, 문재인 대통령이 참석하여 기념사를 낭독하는 40년 만의 역사적인 순간이었다. 이에 부산시는 12월 말 부랴부랴 부마항쟁을 '부산 미래 유산'으로 선정하고, 시의회는 '부산광역시 부마민주항쟁 기념 및 지원에 관한 조례'를 통과시켰다.

하지만 그로부터 6년이 지난 지금, 부산시의 기념사업은 지지부진하다. 오히려 의미 있는 진전을 보인 곳은 금정구였다. 금정구청은 2023년 9월, 부산대 앞 도로 일부를 '10 · 16부마민주항쟁로'로 지정하고, 2024년 11월, 옛 사대부고 담벼락 자리에 부마항쟁 기념조형물을 설치했다. 이곳을 사람들은 10 · 16 명예 거리 혹은 10 · 16거리라고 부른다. 그럼에도 부마항쟁을 온전히 기억하기 위한 핵심적인 공간, 즉 독립된 부마항쟁기념관이 부산에는 없다.

2. 정부와 부산시에 묻는다

기념관 건립은 부마항쟁에 참여했던 당사자들의 가장 절실한 요구이다. 이러한 요구를 바탕으로 부마민주항쟁진상규명위원회는 2022년 최종보고서에서 정부에 기념관 건립을 위한 지원을 권고했다. 그러나 3년이 지나도록 정부와 부산시는 뚜렷한 움직임을 보이지 않고 있다. 박형준 부산시장은 부마민주항쟁 진상규명위원회의 '당연직 위원'이라는 중책을 맡고 있음에도, 부마항쟁 기념에 대해 소극적인 행보를 보인다는 지적을 받고 있다.

그는 5·18 민주화운동 기념일에는 공식 메시지를 발표하며 그 의미를 기렸지만, 정작 부마항쟁 기념식에는 매년 참석하지 않고 2023년의 경우 불참하는 등 일관되지 않은 태도를 보였다. 해당 행보는 당연직 위원으로서의 책임감과 부마항쟁의 위상에 대한 인식이 부족한 것이 아니냐는 비판을 낳았다. 이러한 홀대는 결국 2024년 1월, 필자를 비롯한 관련자들이 부산시청 앞에서 1인 시위를 벌이는 상황으로 이어졌다.

3. 부마항쟁만 기념관이 없다!

4·19혁명, 5·18민주화운동, 6월항쟁과 함께 4대 민주항쟁으로 꼽히는 부마항쟁은, 다른 민주화운동들이 모두 국가기념일 지정과 함께 독립적인 기념관을 가진 것과 달리, 유일하게 독자적인 기념관이 없는 상태이다. 광주에는 10여 개의 기념관·기념시설·기념물이 있고, 창원, 대구, 대전에도 국립묘지, 기념관, 기념탑 등이 건립되었다. 유독 부마항쟁만 그 역사를 온전히 기릴 독립된 공간이 없는 것이다.

4. 기득권이 된 '운동 관료'의 반대 논리

정부와 부산시의 무관심이 외부의 문제라면, 더 심각한 것은 기념사업의 '내부'에서 나오는 반대 논리이다. 독립적인 10·16 기념관 건립의 정당한 요구는, 역설적이게도 기존 민주화운동 기념사업을 주도해 온 일부 '운동 관료'들에 의해 가로막혀 있다. 그들의 반대 논리는 다음과 같다.

지난 30년간 부산의 민주화운동 세력은 4·19, 부마, 5·18, 6월항쟁 등을 모두 아우르는 포괄적 기념사업(예: 민주공원)에 합의해 왔다며, 이제 와서 부마항쟁만 따로 떼어

기념관을 짓자는 것은 이 오랜 합의를 깨고 공동체의 역사를 부정하는 행위라는 것이다.

또한, 기념사업은 특정 항쟁의 당사자들만이 아니라 모든 시민과 관련자가 동등하게 참여해야 한다며, 부마항쟁기념관을 별도로 건립하자는 주장은 부마항쟁 당사자들만 '특권화'하여 주인공이 되려는 발상이고, 이는 경계해야 한다고 말한다.

마지막으로 이미 부산민주공원(민주항쟁기념관) 내에 부마항쟁을 기념하는 공간과 자료가 존재한다고 한다. 여기에 또 별도의 기념관을 짓는 것은 예산을 낭비하고 조직을 중복시키는 '옥상옥'에 불과하며 비효율적이라는 것이다.

하지만 이러한 반대 논리들은, 그 이면에 기존 기념사업 주도 세력의 기득권을 지키려는 동기가 숨어 있다는 비판을 받고 있다. 표면적으로는 '통합'과 '효율'을 내세우지만, 실상은 기존 기념관을 운영하며 '운동 관료'가 된 이들의 입지를 우선시하는 것이다. 새로운 기념관의 등장은 곧 자신들의 영향력, 예산, 그리고 역사 해석의 주도권이 분산되는 것을 의미하기에 이를 저지하려는 것이다.

또한 이는 '통합'을 명분으로 기념사업에 대한 자신들의 독점적 지위를 지키려는 배타적 태도이다. 이러한 '관료적' 시각은 "역사 기념관은 많으면 많을수록 좋다"는 시민적 관점과 정면으로 배치된다. 실제로 2023년 부산광역시의 조사에 따르면, 부산시민의 65.6%가 타 지역에 비해 민주화 기념시설이 '부족하다'고 응답해, '충분하다'(8.3%)는 응답을 압도했다.[4] 진정한 시민적 기념사업이라면, 하나의 공식화된 기념관이 역사를 독점하는 것이 아니라, 다양한 주체들이 저마다의 시각으로 역사를 기억하고 기릴 수 있는 공간이 풍부해지는 것을 환영해야 한다.

5. 장소성의 문제

이들이 '옥상옥'이라며 옹호하는 민주공원의 실상을 보면, 그들의 주장이 얼마나 허약한지 드러난다. 새로운 기념관 건립이 시급한 또 다른 이유는 장소성의 문제이다. 현재 부산의 민주공원은 부마항쟁의 역사적 현장과 아무런 관련이 없는 영주동 산꼭대기에 위치해 있다. 이는 공권력의 고문 장소였던 남영동 대공분실에 세워진 서울의 민주인권기념관이나, 군사재판이 열렸던 곳에 복원된 광주의 5·18 자유공원과는 너무나 대조적이다. 부마항쟁이 격전지였던 금정구 온천장, 동래경찰서 앞, 교대 앞, 거제리, 남포동, 국제시장 등 수많은 역

---

4   부산광역시, 「'가칭 부산광역시 민주주의 역사기념관' 건립 관련 인식 조사 요약 보고」, 2023. 참조.

사적 장소가 있었음에도 불구하고, 역사성과 무관한 곳에 기념 공간이 들어선 것은 당시 건립에 관여했던 모 인사의 사적인 체험이 우선되었기 때문이다. 역사성이 배제된 '비장소(non-place)'에 세워진 민주공원에서 부마항쟁의 기억을 제대로 찾아볼 수 없는 것은 어쩌면 당연한 결과이다.

법정기념일의 기념시설 및 조례 제정 현황

기념일	기념 시설	조례 제정
5 · 18	- 5 · 18국립묘지 - 5 · 18기념문화관 - 5 · 18민주화운동기록관 외 10여 개	- 5 · 18 관련 조례 14개
3 · 15	- 3 · 15국립묘지 - 3 · 15기념관 - 3 · 15의거기념탑 - 대한민국민주주의전당	- 창원시 민주화운동 기념 및 지원에 관한 조례
2 · 28	- 2 · 28기념회관 - 2 · 28기념공원 - 2 · 28기념탑 - 2 · 28 자유광장	- 대구광역시 2 · 28 민주운동 사업 조례 - 대구광역시 민주화운동 기념에 관한 조례
3 · 8	- 3 · 8민주의거기념관 - 3 · 8민주의거기념탑 - 3 · 8의거둔지미공원	- 대전광역시 3 · 8 민주의거 기념조례
10 · 16 부마항쟁	—	- 부마민주항쟁 기념 및 지원에 관한 조례

출처: 필자 작성

6. 역사 · 인문 도시로의 도약

부산은 산업화와 민주화를 동시에 이룩한 세계적으로도 드문 역사적 경험을 가진 도시이다. 부마항쟁이라는 위대한 역사는 부산을 진정한 글로벌 도시로 만드는 핵심적인 '역사 · 인문적 가치'이다. 금정구의 '10 · 16부마민주항쟁로' 지정과 같은 작은 노력들이 이미 그 가치를 증명하고 있다. 10 · 16 부마항쟁기념관 건립은 더 이상 미룰 수 없는 과제이다. 이는 단순히 과거를 기리는 것을 넘어, 부산의 정체성을 바로 세우고 미래 세대에게 살아 있는 역사 교육의 장을 제공하는 일이며, 부산이 진정한 역사 · 인문 도시로 도약하는 첫걸음이 될 것이다.

에필로그

아직 끝나지 않은 열흘, 제정화의 시간

열흘 혁명은 유신을 무너뜨렸다. 그러나 이야기는 거기서 끝나지 않는다. 혁명이 지나간 자리에서, 국가는 한 평범한 청년의 삶을 어떻게 송두리째 파괴했는가. 제정화, 그의 시간은 아직 1979년에 멈춰 있다.

1979년 10월 17일, 스물두 살의 양장점 재봉사 제정화 씨는 국제시장 인근에서 잠시 걸음을 멈추고 시위대를 구경했다. 그는 대학생들의 "유신 철폐! 독재 타도!" 구호에 공감했다. 그것이 전부였다. 그는 구호를 외치지도, 돌을 던지지도 않았다. 하지만 잠시 후, 날아온 경찰의 곤봉에 머리를 맞고 쓰러졌다. 정신을 차렸을 때 그는 연행되어 있었고, 21일간 구금되었다.

이는 비극의 시작일 뿐이었다. 유신은 무너졌지만, 국가는 그를 놓아주지 않았다. 1980년 7월, 그는 부산 수영의 군부대, 악명 높은 삼청교육대로 끌려갔다. 1983년 10월에는 '부랑아'라는 낙인이 찍힌 채, 인간 사냥터라 불리던 형제복지원으로 보내졌다. 4년간의 지옥 같은 시간을 보낸 뒤, 1987년에야 그곳을 탈출할 수 있었다.

그로부터 수십 년의 세월이 흘렀다. 2021년 5월, 대한민국은 마침내 그를 부마민주항쟁 관련자로 인정했다. 그리고 2025년, 대법원은 국가가 그에게 배상해야 한다고 최종 확정했다. 법의 시간은 그렇게 흘러갔지만, 그의 망가진 삶은 무엇으로도 복원될 수 없었다.

제정화의 삶은 부산시와 대한민국이라는 국가가 가진 야만성의 가장 아픈 증거다. 국가는 민주주의에 공감한 시민을 '불순분자'로 만들고, '사회 정화'라는 이름 아래 인간의 존엄을 짓밟았으며, '부랑아'로 낙인찍어 감금하고 착취했다.

우리는 K—데모크라시와 K—컬처의 성공을 자랑한다. 하지만 한 평범한 시민의 삶을 수십 년간 짓밟고도 제대로 된 사과와 성찰조차 없는 이 야만성을 극복하지 못하는 한, 우리의 민주주의와 문화는 허상에 불과하지 않은가.

열흘 혁명은 아직 끝나지 않았다. 제정화 씨가 온전하게 자기 삶의 존엄을 회복할 때, 그리고 다시는 이 땅에 제정화 같은 사람이 단 한 명도 나티니지 잃을 것이라 확신할 수 있을 때, 비로소 우리의 열흘 혁명은 완수될 것이다.

부록

보론 1: 한국의 궤적

— 제임스 로빈슨의 시각으로 본 성장, 민주주의, 그리고 미래 번영

1. 번영하는 국가의 역설

대한민국은 현대사에서 가장 빠른 경제적 변혁을 이룩한 국가 중 하나이자, 제도 분석의 핵심적인 사례 연구 대상이다. 그러나 『국가는 왜 실패하는가』의 이론 틀에 따르면 한국의 성장은 초기에 착취적으로 분류될 수 있는 정치 체제 아래서 이루어졌다는 역설을 제기할 수 있다. 이는 '한강의 기적'과 착취적 제도하에서의 성장은 지속 불가능하다는 이론을 어떻게 조화시킬 것인가라는 근본적인 질문으로 이어진다.

제임스 로빈슨과 대런 애쓰모글루의 핵심 논지는 국가 간 번영의 차이가 주로 정치 및 경제 제도의 성격에 의해 결정된다는 것이다. 이 글은 로빈슨의 시각에서 한국의 성공이 제도 이론에 대한 반례가 아니라, 오히려 이론을 다단계에 걸쳐 강력하게 입증하는 사례임을 보여 준다. 국가 주도의 초기 성장 단계는 독특한 역사적 전제 조건 아래서 가능했던 예

외적이고 우연한 결과였다. 그러나 21세기까지 그 번영을 유지하고 한 단계 더 발전시킬 수 있었던 동력은 근본적으로 포용적 정치 제도로의 전환에 있었다. 나아가 로빈슨의 최근 발언에 근거하여, 한국의 미래 번영은 바로 이 민주적 제도가 발현시킨 창의적 잠재력을 어떻게 활용하는지에 달려 있다고 할 수 있다.

이 글은 먼저 로빈슨의 이론적 틀을 소개하고, 박정희 시대의 역설적 성장을 분석한 뒤, 1987년 이후의 '민주주의 배당(Democratic Dividend)'[1]을 평가할 것이다. 마지막으로 로빈슨의 최신 진단을 통해 한국이 당면한 현재의 과제를 살펴보고자 한다.

2. 번영의 기초: 로빈슨의 포용적 및 착취적 제도 이론

이 분석의 토대가 되는 이론적 틀을 명확히 이해하는 것은 한국 사례를 심층적으로 분석하기 위한 필수적인 과정이다. 로빈슨과 애쓰모글루의 이론은 국가의 장기적인 성패를 결정

---

1   여기서 말하는 '민주주의 배당'은 민주주의가 독재나 권위주의 체제와 달리, 장기적으로 국가의 경제 성장과 번영이라는 '배당(Dividend)'을 가져다준다는 의미임.

하는 핵심 요인으로서 제도의 역할을 강조한다.

포용적 제도와 착취적 제도의 이분법

이론의 핵심은 제도를 '포용적(inclusive)' 제도와 '착취적 (extractive)' 제도로 구분하는 것이다. 경제 제도 측면에서 '포 용적 경제 제도'는 사유 재산권을 보장하고, 법치를 확립하 며, 공정한 경쟁의 장을 제공해, 사회의 광범위한 계층이 새 로운 기술과 교육에 투자하도록 장려하는 제도를 의미한다. 반면 '착취적 경제 제도'는 소수의 엘리트를 위해 사회의 한 부분으로부터 자원과 부를 수탈하도록 설계된 제도로, 다수 를 위한 재산권 보장이나 공정한 경쟁이 부재하다.

정치 제도 역시 마찬가지로 구분된다. '포용적 정치 제도'는 국가 역량을 갖춘 중앙 집권적 국가이면서 동시에 다원주의적 인 특성을 지녀, 정치권력을 광범위하게 분산시키고 권력에 대한 견제와 균형 장치를 갖춘 제도를 말한다. 이와 대조적으 로 '착취적 정치 제도'(절대주의)는 소수의 엘리트에게 권력이 집중되어 있으며, 그 권력 행사에 대한 제약이 없는 상태를 의미한다.

이 두 제도는 상호 공생적인 관계를 맺는다. 포용적 정치 제도는 포용적 경제 제도를 뒷받침하고 유지하는 데 필수적이 며, 그 역도 마찬가지다. 반대로 착취적 정치 제도는 필연적으로 자신들의 부를 증대시키기 위해 착취적 경제 제도를 창출하고 유지하려 한다.

지속 성장의 엔진: 창조적 파괴

지속 가능한 번영의 핵심 동력은 슘페터가 제시한 '창조적 파괴(creative destruction)' 개념에서 찾을 수 있다. 이는 새로운 기술, 새로운 기업, 새로운 방식이 끊임없이 낡은 것을 대체하는 과정이다. 이 과정은 본질적으로 기존의 경제적, 정치적 권력 구조를 불안정하게 만든다. 따라서 착취적 체제의 엘리트들은 자신들의 지대(rent)와 권력을 보호하기 위해 창조적 파괴를 가로막거나 억압하려는 강한 유인을 가지며, 이는 결국 경제 침체로 이어진다. 반면, 포용적 제도는 재산권을 보호하고 공정한 경쟁의 장을 보장함으로써 창조적 파괴가 활발하게 일어나도록 하며, 이것이 바로 장기적인 혁신 주도 성장의 핵심 열쇠가 된다.

선순환과 악순환: 제도의 지속성

제도는 한번 형성되면 스스로를 강화하는 피드백 고리를 통해 지속되는 경향이 있다. '선순환(virtuous circle)'은 포용적 제도가 사회의 광범위한 계층에 힘을 실어 주고, 이들이 다시 착취의 위협으로부터 포용적 제도를 수호할 힘과 이해관계를 갖게 되면서 발생한다. 반대로 '악순환(vicious circle)'은 착취적 제도가 지배 엘리트에게 막대한 이익을 안겨 주고, 엘리트가 그 부와 권력을 이용해 자신들의 지배를 위협하는 모든 도전을 억누르며 제도를 더욱 공고히 할 때 나타난다. 이는 왜 가난과 권위주의가 쉽게 사라지지 않는지를 설명한다.

그러나 이러한 순환이 반드시 결정론적인 것은 아니다. 흑사병, 대서양 교역로의 개척, 혹은 거대한 사회 변혁과 같은 '결정적 분기점(critical junctures)'은 기존의 제도적 균형을 무너뜨릴 수 있다. 그리고 이때 존재하는 작은 초기 조건의 차이, 즉 '제도적 부동(浮動, institutional drift)'에 따라 사회는 전혀 다른 경로로 나아갈 수 있다. 이 개념은 한국의 전후 궤적을 이해하는 데 매우 중요한 역할을 한다.

3. '기적'의 해부: 착취적 정치 아래의 성장(1961—1987)

박정희 시대의 압축 성장은 권위주의 체제하에서 어떻게 급속한 산업화가 가능했는지에 대한 역설을 세기하며, 로빈슨의 이론 틀을 통해 이를 심층적으로 분석할 필요가 있다. 제도의 힘이 국가의 운명을 가른다는 이론의 타당성은 남북한의 극명한 대조를 통해 가장 명확하게 드러난다.

권위주의의 예외성: 우연적 성공

착취적 정치 제도하에서의 성장은 이론적으로 드물며 지속 불가능하다. 박정희 시대의 한국은 이 점에서 중요한 분석 대상이다. 로빈슨은 최근 강연에서 한국이 "운이 좋았다"고 평가하며, 그 핵심 요인으로 박정희라는 권위주의 지도자가 개인적으로 "경제 발전에 집착했다"는 점을 꼽았다.[2] 이는 일반적인 독재자들이 사적 축재에만 몰두하는 것과 달리, 박정희는 국가의 착취적 역량을 사적 이익이 아닌 국가 산업화라는 이례적인 목표를 위해 동원했음을 의미한다.

이 분석은 중요한 함의를 가진다. 박정희 정권의 구조는 분명 착취적이었으나, 지도자 개인의 특성이라는 매우 우연적인 변수가 그 힘의 방향을 국가 발전으로 이끌었다. 따라서 한국의 초기 '기적'은 '개발독재' 모델의 보편적 성공 가능성을 입증하는 것이 아니라, 오히려 '개발 지향적' 독재자라는 역사적 우연에 기댄, 복제 불가능한 사례임을 시사한다. 이는 왜 수많은 다른 독재 국가들이 실패의 길을 걷는지를 설명하며, 이러한 모델에 의존하는 것의 위험성을 역설적으로 보여준다.

2   《연합뉴스》, 2025.8.19.

포용적 토대: 성공의 전제 조건

박정희 정권의 산업화가 성공할 수 있었던 배경에는 독재 체제 이전부터 존재했으며, 그와 병존했던 포용적 제도의 기반이 있었다. 로빈슨은 이러한 포용적 토대의 중요성을 거듭 강조한다.

첫째는 농지개혁이다. 해방 이후 이승만 정부 아래서 단행된 농지개혁은 구 양반 지주 계층과 일본인 소유 토지를 해체하고 토지를 재분배함으로써, 보다 평등한 자산 분배 구조를 만들고 사회적 이동성의 기틀을 마련했다. 이는 산업화를 가로막을 수 있었던 강력한 기득 지주 계급의 등장을 막았다는 점에서, 수많은 라틴 아메리카 국가들이 실패한 지점과 근본적인 차이를 만들어 냈다.

둘째는 교육에 대한 막대한 투자이다. 국가는 교육을 통해 세계 최고 수준의 인적 자본을 형성했다. 이는 산업화에 필요한 숙련 노동력을 공급했을 뿐만 아니라, 훗날 정치적 권리를 요구하게 될 깨어 있는 시민 계층을 길러낸 매우 포용적인 정책이었다.

개발국가: 혼합적 제도 배열

박정희 시대의 경제 모델은 강력하고 능력주의에 기반한 관료 조직(경제기획원)이 소수의 재벌에게 자본을 배분하고 수출 목표를 설정하는 방식이었다. 로빈슨의 관점에서 이는 혼합적 제도였다. 국내적으로는 경제력을 집중시키고 시장 경쟁을 제한했다는 점에서 착취적이었지만, 수출 실적이라는 엄격한 성과 기준을 적용하고 이들 기업이 세계 시장에서 경쟁하도록 강제했다는 점에서는 부분적으로 포용적인 유인 체계를 갖추고 있었다. 흥미롭게도 로빈슨은 최근 한국의 재벌 체제가 초기 단계에서 효과적이었음을 인정하며, 특정 문화적, 정치적 맥락 속에서 가족 소유 구조가 "작동하는 논리를 만들어 냈다"고 평가했다. 이는 기존 경제학의 통념을 벗어나는 예외적 사례로, 제도가 특정 사회의 맥락 속에서 어떻게 다르게 기능할 수 있는지를 보여 준다.

필연적 반발: 착취적 성장의 한계

개발독재의 이면에는 유신헌법하의 정치적 권리 억압, 노동운동에 대한 가혹한 탄압, 그리고 심화되는 사회적 불만이 자리 잡고 있었다. 1979년의 부마항쟁은 이러한 모델의 필연적인 귀결이었다. 이 항쟁은 유신체제의 정치적 착취에 대한 민중의 직접적인 저항이었으며, 제2차 석유파동으로 인한 경제적 고통과 불평등 심화가 그 불씨를 키웠다. 이는 착취적 정치 아래의 성장이 스스로를 무너뜨릴 씨앗을 내포하고 있음을 명확히 보여 준다. 박정희 정권의 성공은 교육과 같은 포용적 요소를 통해 더 유능하고 복잡해진 사회를 만들어 냈다. 그러나 정치 제도는 오히려 유신헌법으로 대표되듯 시간이 갈수록 더욱 착취적이고 억압적으로 변모했다. 고도로 교육받고 도시화된 시민 계층과 경직되고 비민주적인 정치 체제 사이의 근본적인 긴장 관계가 형성된 것이다. 부마항쟁은 바로 이 긴장이 폭발한 사건으로, 착취적 정치 모델이 내재적으로 불안정하며 결국 스스로를 위협하는 사회적 동력을 생성한다는 로빈슨의 이론을 완벽하게 입증하는 사건이었다.

4. 민주주의 배당: 지속 성장의 촉매제로서의 정치적 포용

1987년 민주화 전환은 일부 권위주의 옹호론자들이 주장하듯 성장의 장애물이 아니었다. 오히려 한국이 중진국 함정을 피하고 진정한 선진 혁신 경제로 도약할 수 있게 한 결정적 분기점이었다.

1987년 전환: 포용을 향한 결정적 분기점

1987년 6월 민주항쟁은 수십 년간 이어진 민주화 투쟁의 정점으로, 대통령 직선제와 지방자치 부활 등 포용적 정치 제도를 확립하는 계기가 되었다. 이 순간은 한국이 착취적 정치의

'악순환'에서 벗어나 포용적 제도의 '선순환'을 구축하기 시작한 역사적 전환점이었다.

이론의 입증: 민주화는 성장을 가속했다

로빈슨은 최근 강연에서 "한국의 성장률은 민주화 이후 오히려 더 가속화했다"고 명확히 밝혔다. 이는 권위주의가 경제 성공에 필수적이었다는 통념을 정면으로 반박하는 발언이다. 로빈슨의 이론 틀에 따르면, 포용적 정치 제도로의 전환은 다음과 같은 이유로 성장을 촉진했다. 첫째, 국가 주도 체제하에서 억눌려 있던 더 광범위한 창의력과 기업가 정신을 해방시켰다. 둘째, 소수 재벌뿐만 아니라 사회 전체의 법치와 재산권을 강화하여 더 폭넓은 투자를 장려했다. 셋째, 모방 기반 경제에서 혁신 기반 경제로 전환하는 데 필수적인 '창조적 파괴'를 가능하게 했다. 국가 주도 모델은 추격 성장에는 탁월했지만, 진정한 혁신은 기존의 강자를 위협할 수 있는 자유를 필요로 하며, 이는 다원주의적 정치 체제만이 보장할 수 있다.

지성사적 맥락: '아시아적 가치' 논쟁의 종결

이러한 한국의 경험은 1990년대 격렬했던 '아시아적 가치(Asian Values)' 논쟁에 중요한 시사점을 던진다. 리콴유 전 싱

가포르 총리가 주창한 이 주장은 동아시아 사회가 개인의 권리보다 공동체와 질서를 중시하므로, 경제 발전을 위해서는 서구식 민주주의보다 권위주의적 '좋은 통치'가 더 우월하다고 보았다.

이에 대해 노벨 경제학상 수상자인 아마르티아 센은 『자유로서의 발전』에서 발전이란 곧 자유의 확장이며, 정치적 자유는 사치품이 아니라 기근 예방과 같은 중요한 도구적 역할을 한다고 반박했다. 또한 김대중 전 대통령은 1994년 《포린 어페어스(Foreign Affairs)》 기고문을 통해 아시아 민주주의의 장애물은 문화가 아니라 권위주의 지도자들의 저항이라고 주장하며 리콴유의 논리를 정면으로 비판했다.[3]

이 지성사적 논쟁에서 한국의 사례는 결정적인 실증적 증거를 제공했다. '아시아적 가치'론의 대표 사례가 싱가포르였다면, 1987년 이후의 한국은 민주주의와 경제 발전이 양립 가능함을 보여 주는 가장 강력한 사례가 되었다. 민주화 이후에도 지속되고 오히려 가속화된 한국의 경제 성공은 '아시아적 가치' 논쟁의 경험적 반례가 되었으며, 센, 김대중, 그리고 궁극적으로 로빈슨이 주장하는 바, 즉 포용석 정치 제도가 선진

3　김대중 전 대통령의 영문 논문명은 다음과 같다. "Is Culture Destiny? The Myth of Asia's Anti-Democratic Values", Foreign Affairs (11-12), 1994.

경제 번영의 장애물이 아닌 촉매제라는 사실을 현실 세계에서 입증했다.

5. 로빈슨의 현대 한국 진단: 새로운 도전과 기회

로빈슨은 최근 강연과 인터뷰를 통해 자신의 이론적 틀을 오늘날 한국이 직면한 시급한 문제들에 적용하며 새로운 진단을 제시했다.

'자연스러운' 저성장과 불평등의 위협

로빈슨은 한국이 저성장 국면에 진입한 것을 선진 경제가 된 이후 나타나는 '자연스러운' 현상으로 진단한다. 추격 성장의 시대는 끝났으며, 이제는 새로운 성장 동력을 찾아야 할 때라는 것이다. 그가 가장 우려하는 지점은 심화되는 경제적 불평등이 정치적 불평등으로 이어질 가능성이다. 이는 그가 미국 사회에 대해서도 제기했던 경고와 일맥상통하며, 한국의 포용적 제도의 근간을 흔들 수 있는 가장 큰 위협이다. 개발독재 시대의 유산인 재벌 체제는 상당한 경제력 집중을 야기했다. 만약 이 막대한 경제력이 로비나 규제 포획 등을 통해 정치 과정에 부당한 영향력을 행사하여 경쟁을 저해하고 소수 엘리트에게만 유리한 환경을 만든다면, 포용적 정치 제도를 다시 착취적으로 변질시키는 '악순환의 역류'를 초래할 수 있다. 이는 미래 성장에 필수적인 '창조적 파괴'를 가로막는 요인이 될 것이며, 로빈슨이 불평등이 심화된 선진 민주주의 국가에 대해 제기하는 핵심적인 위험 요소가 될 것이다.

새로운 번영의 엔진: 창의성과 '문화적 폭발'

로빈슨의 최신 분석에서 가장 주목할 만한 부분은 한국의 문화적 역동성, 즉 K팝, 영화, 드라마와 같은 '문화적 폭발'을 현재 한국의 가장 중요한 자산 중 하나로 평가한 점이다. 그는 이러한 현상이 결코 우연이 아니라고 강조한다. 이는 "모든 재능이 꽃필 수 있도록" 허용하고 국민의 창의적 잠재력을 해방시킨 포용적 사회가 만들어 낸 직접적인 산물이라는 것이다. 이러한 문화적 성과는 상명 하달식이 아닌 자생적이고 혁신적이며 세계 시장에서 경쟁력을 갖추었다는 점에서, 포용적 제도가 지향하는 가치를 완벽하게 구현한다. 체계적으로 재능을 억압하는 북한의 착취적 체제와는 극명한 대조를 이룬다. 로빈슨은 이러한 문화적 성과를 단순한 '소프트파워'를 넘어, 전통적인 제조업을 이을 새로운 경제 성장 엔진이자 사회 전체의 혁신 역량을 보여 주는 선행 지표로 해석한다.

미래의 궤적: 기술, 인구, 그리고 민주주의

로빈슨은 한국의 인구 문제에 대해 비교적 낙관적인 시각을 제시한다. 그는 로봇 공학과 인공지능 같은 기술적 해법이 노동력 감소 문제를 해결할 수 있는 효과적인 대안이 될 것으로 본다. 그가 한국 사회에 던지는 최종적인 처방은 국가 통제로의 회귀가 아닌, 민주 제도의 강화이다. 권위주의 시대의 유산인 부정부패의 잔재를 청산하고, 현재의 정치적 갈등을 극복하기 위한 해법 역시 민주주의의 심화에 있다. 그의 메시지는 명확하다. 한국이 지속적인 번영을 누리기 위해서는 "내부적으로는 민주주의를 굳건히 유지하고, 외부적으로는 다른 민주 국가들과의 연대를 강화해야 한다"는 것. 이것이 한국의 장기적 번영의 원천인 포용적 제도를 지키는 유일한 길이기 때문이다.

6. 한국 경험의 지속적인 교훈

대한민국의 발전사는 복잡하지만 궁극적으로 제도 이론의 타당성을 강력하게 입증하는 사례이다. 이는 성공적인 권위주의의 이야기가 아니라, 독특한 역사적 전제 조건 덕분에 초기 권위주의 체제에도 불구하고 성공했으며, 이후 결정적인

민주적 전환을 통해 그 성공을 지속시킨 국가의 서사(narrative)
이다. 박정희 시대의 발전 모델은 특정 시기와 장소의 산물이
었으며, "운이 좋았던" 복제 불가능한 요인들의 결합이었다.
한국이 세계에 주는 진정하고 지속 가능한 교훈은 민주화 전
환 이후에 이룩한 성취에 있다.

한국의 과거 성공이 산업화 시대의 '모방'에 있었다면, 미래
의 성공은 오직 포용적이고 민주적인 사회만이 창출할 수 있
는 '창의성'과 '혁신'에 달려 있다. 최근의 '문화적 폭발'은 바로
이 새로운 길의 가능성을 보여 주는 가장 강력한 신호이다.
국가가 실패하지 않기 위한 궁극적인 교훈은 국민의 자유와
잠재력에 끊임없이 투자해야 한다는 것이다.

보론 2: 부산시민의 날, 왜 변경되어야 하는가

1. 제정 배경의 문제점: 권위주의 정권의 산물

시기: 1980년 9월 10일, 전두환 신군부가 정권을 장악한 직후에 제정되었다.

제정 당시 부산은 부마항쟁(1979)의 열기가 남아 있었고, 5·18 민주화운동의 영향으로 많은 학생과 시민이 군부 독재에 의해 고초를 겪던 암울한 시기였다. 동명목재 강제 해산, 삼청교육대 운영 등 시민들의 고통이 극심했다. 제정 주체인 손재식은 당시 부산시장으로 고통받는 시민을 외면하고, 전두환 정권에 적극적으로 협력한 인물로 평가된다. 그는 시민의 날(=10월 5일) 제정 이틀 후 전두환 대통령이 참석한 도시고속도로 개통식을 성대하게 치르며 정권에 대한 충성을 과시했고, 이후 승승장구했다.

제정 의도의 문제점: 민주화 열망 희석 의도

공식적인 명분은 '이순신 장군의 부산포 해전 승전' 기념이었지만, 실제로는 민주화를 향한 부산 시민들의 열망을 잠재우고, 폭압적인 정권에 대한 순응을 유도하려는 정치적 의도가 숨어 있었다고 볼 수 있다. 당시 신군부에 의해 억압받던 시민들의 처지와 '향토애', '순국 정신'과 같은 구호는 큰 괴리가 있었으며, 출발부터 시민들의 공감대를 얻지 못했다.

현재의 문제점: 낮은 공감대와 상징성 부재

권위주의 정권하에서 정치적 의도로 만들어진 날이기에, 46년이 지난 오늘날 민주화된 부산을 대표하는 상징성을 갖기 어렵다. 나아가 시민들의 낮은 인지도와 공감대 부족으로 인해, 시민의 날 행사는 그 의미가 퇴색되었고 시민의 자긍심을 고취하지 못하고 있다.

2. 대안과 제언

먼저, 과거의 낡은 틀을 깨고, 부산의 진정한 가치와 시민 정신을 담아낼 수 있는 새로운 시민의 날이 필요하다. 부산 민주주의의 상징인 부마민주항쟁 기념일(10월 16일)을 하나의 강력한 대안으로 제시한다. 물론 모든 가능성을 열어 두고 시민적 논의를 시작해야 한다. 대구(국채보상운동 기념일)와 광주(5 · 18 민주화운동 관련일) 역시 시민의 자긍심과 정체성을 대표하는 날로 '시민의 날'을 변경한 성공적인 사례가 있으니 참고하면 좋을 듯하다.

결론적으로, 현재의 부산시민의 날은 그 태생부터 정통성과 민주적 정당성이 부족하며, 오늘날 부산의 정체성을 대표하지 못하므로, 시민적 공감대를 바탕으로 부산의 정신을 상징하는 새로운 날로 변경해야 한다는 것이 핵심 주장이다. (단, 부산포 해전 승전 기념은 별도로 지속해 나갈 것을 제안한다.)

한눈에 보는 열흘 혁명 : 주요 사건 타임라인[1]

일지

- 8월 9일
- YH무역 여성노동자 187명 신민당사에서 농성 시작
- 8월 11일
- 경찰 신민당사 난입, 여성노동자 강제 연행 과정에서 김경숙 사망
- 9월 3일
- 강원대생 800여 명, 'YH 사건' 규탄과 유신 철폐 주장하며 교내 시위(6명 구속)
- 9월 4일
- 계명대 · 영남대 · 경북대 등 대구 지역 대학생 연합 시위
- 9월 11일
- 서울대생 1,500여 명, '학원민주선언' 발표 후 시위. 70여 명 연행(5명 구속)

---

1 부산민주운동사편찬위원회, 『부산민주운동사 I』, 부마민주항쟁기념재단, 2021. 연표 참조.

- **9월 17일**

  - 부산공업전문대 신홍석 등, 반유신 선언문을 배포하고 시위를 시도했으나 학교 측의 제압으로 진압됨

- **9월 18일**

  - 경희대생들, 반유신 선언문 배포(2명 구속)

- **9월 20일**

  - 서울대생들, '근로민중 생존권 수호 선언' 발표, 반유신 교내 시위

- **9월 21일**

  - 서울대생들, 유신 철폐를 주장하는 대규모 교내 시위 계속

- **9월 26일**

  - 이화여대생 3,000여 명, 반유신 시위(1명 구속)

- **9월 28일**

  - 고려대생들, 반유신 선언문 배포(6명 연행)

- **10월 4일**

  - 국회 본회의, 여당 단독으로 김영삼 신민당 총재 의원직 세명안 변칙 통과

- **10월 9일**

  - 경찰, 남조선민족해방전선 준위위원회 사건 발표(총 78명 구속)

- 10월 15일
- 부산대에서 이진걸 · 신재식 등, '민주선언문', '민주투쟁
  선언문' 살포
- 10월 16일
- 부산에서 부마민주항쟁 시작. 부산대 필자(정광민)의 주
  도로 시작한 교내시위가 확산. 심야까지 부산 도심에서
  대규모 항쟁 전개
- 이화여대생들, '민주회복 구국선언문'을 배포하고 시위(2
  명 입건)
- 10월 17일
- 동아대 구덕캠퍼스에서 시위 발생. 부산 도심에서 야간
  시위로 항쟁 계속됨
- 10월 18일
- 자정에 부산 일원에 계엄령 선포, 계엄하에서도 부산 시
  민들 시청 앞 등에서 시위 전개(1,058명 연행)
- 경남대생들, 유신 철폐 교내 시위 후 마산 도심으로 진
  출. 야간에 대규모 항쟁으로 발전
- 10월 19일
- 마산 시민과 학생들, 통금 시간 연장에도 야간에 대규모
  항쟁 계속(505명 연행)
- 서울대생 300여 명, 지도휴학제 등 반대하며 시위

■ 10월 20일

- 마산, 창원 일원에 위수령 선포

■ 10월 22일

- 경북대, 부마항쟁의 확산을 막기 위해 임시 휴교. 다음
  날 영남대 등도 임시휴교

■ 10월 25일

- 대구 계명대생 2,000여 명, 유신 철폐를 요구하며 시위

■ 10월 26일

- 박정희 대통령 피살. 10 · 26 사건 발생

■ 10월 27일

―전국(제주도 제외)에 비상계엄령 선포

10 · 16 발생 경과

■ 1979년 10월 8일

- 필자(정광민, 부산대 경제학과 2학년), 선언문 초안 작성

■ 10월 15일

- 오전 10시 전후 이진걸(기계설계학과 3학년) · 황선용(서
  년서림 직원) 그룹이 부산대 교내에 민주선언문 배포

- 오후 2시경 정광민, 김종세(수학과 3학년)를 만나 등사기
  를 부탁했으나 거절당함

  * 김종세는 이호철(행정학과 3학년)에게 필자(정광민)의

시위 계획을 전달

- 필자(정광민)·박준석(경영학과 2학년)·전도걸(경제학
과 2학년), 오후부터 시위 준비에 돌입

    * 등사기는 전증욱(지리교육과 3학년)에게서 빌림

    * 우암동에서 밤부터 다음 날 새벽까지 폐정개혁 선언문
    등사 작업

- ■ 10월 16일

- 9시 10분: 필자(정광민), 부산상대 앞 벤치 도착

- 9시 40분: 필자(정광민), 인문사회관으로 이동

    * 206호에 들러 학우들에게 선언문을 나누어 주고

    * 경제학과 2학년 화폐금융론 수업이 있는 306호 강의실
    로 올라가서 학우들에게 선언문을 나누어 주고 연단에
    서서 "때가 왔다. 피 흘려 투쟁하자!"라고 짧게 연설

    * 306호 강의실에 있던 경제학과 2학년생 30~40명이 인
    문사회관 밖으로 나와서 상대 앞으로 이동

- 9시 53분: 상대생 50명에 의해 데모 시발

    * 부마항쟁 최초의 반유신 시위가 시작됨

참고 문헌

1. 자료

- 김선미, "부마항쟁 참가자들의 민주화 열정", 「부산역사문화대전」(https://busan.grandculture.net)

- 김하기, 『부마민주항쟁』, 민주화운동기념사업회, 2005.

- 동래경찰서, '실황조사서', 1979.10.27.

- 민주주의사회연구소 엮음, 『부마민주항쟁증언집: 부산편1』, 부산민주항쟁기념사업회, 2013.

- _________________________, 『부마민주항쟁증언집: 부산편2』, 부산민주항쟁기념사업회, 2013.

- 《부대신문》, 부산대학교 디지털 아카이브(https://archives.pusan.ac.kr/archives)

- 부마민주항쟁기념사업회, 『부마민주항쟁 10주년 기념 자료집』, 1989.

- 부마민주항쟁기념사업회(창원), 『부마민주항쟁 증언십(마신편)』, 2011.

- 부마민주항쟁기념재단, 『2022 부마민주항쟁 구술사료집1』, 2022.

- _________________, 『2022 부마민주항쟁 구술사료집2』, 2022.

- _________________, 『2023 부마민주항쟁 구술사료집1』, 2023,

- 부마민주항쟁진상규명위원회, 『부마민주항쟁자료집(해외자료)』, 2017.

- 부산광역시, 「'가칭 부산광역시 민주주의 역사기념관' 건립 관련 인식 조사 요약 보고」, 2023.

- 부산교도소, 「기안용지」, 1979.9.29.

- 부산대학교, 『마흔 시월, 민주주의를 노래하다: 10·16부마민주항쟁 부산대학교 증언집』, 2019.

- 윤한봉, 『운동화와 똥가방』, 한마당, 1996.

- 제2관사 보통군법회의 판결문 「조서」(1980.8.8.).

- 臺灣民主運動支援會, 《民主臺灣》, 1981.5.

- 고호석 구술, 차성환 면담(2017.7.17.)

- 남경희 구술, 차성환 면담(2012.12.9.)

2. 연구 성과

단행본

- 강원택, 『제5공화국』, 역사공간, 2024.

- 대런 애쓰모글루 · 제임스 A. 로빈슨 지음, 『국가는 왜 실패하는가』, 시공사, 2024.

- 부마민주항쟁진상규명위원회, 『부마민주항쟁 진상조사보고서』, 2022.

- 부산민주운동사편찬위원회, 『부산민주운동사 I 』, 부마민주항쟁기념재단, 2021.

- 서중석, 『서중석의 현대사 이야기 15』, 오월의 봄, 2020.

- 아마티아 센, 『자유로서의 발전』, 갈라파고서, 2020.

- 이은진, 『1979년 마산의 부마민주항쟁』, 민주화운동기념사업회 · 부마민주항쟁기념사업회, 2008.

- 정주신, 『10월 부마항쟁사─유신체제의 붕괴』, 프리마북스, 2017.

- 차성환, 『부마항쟁과 민중』, 한국학술정보, 2014.

논문

- 구모룡, "10월의 거리에서 만난 민중항쟁", 『다시 시월, 1979』,

산지니, 2019.

- 김선미, "부마민주항쟁의 야간시위 양상과 주도세력", 『지방사와 지방문화』(제25권 1호), 2022a.

- ______, "부마민주항쟁 연행자의 야간 시위 참여 양상", 『역사와 세계』(62), 2022b.

- 임미리, "부마항쟁 밤 시위의 주도세력, 정광민에 이은 또 다른 정광민'들'", 『사회와 역사』(통권139호), 2023.

- 정광민, "부마민주항쟁 시기 부산상대생의 반유신 시위 연구", 『한국과 세계』(제7권 3호), 2025.

- 정주신, "10월 부마항쟁의 진실과 역사적 성찰: 10·16 부산항쟁과 10·18 마산항쟁의 비교분석", 『한국과 국제사회』(제2권 1호), 2018.

- ______, "부마민주항쟁의 사실왜곡과 참여자들의 행동태도: 마산항쟁의 경우", 『한국과 세계』(제3권 2호), 2021.

- 정태일·응우옌 프엉 안티, "10·18 마산 부마항쟁에서 논쟁적 증언의 검토", 『한국과 세계』(제7권 6호), 2025.

- 지주형, "미국 정부 기밀문서를 통해 본 부마항쟁", 『부마항쟁의 진실을 찾아서』, 선인, 2016.

- 차성환, "1979년 마산의 밤 시위의 전개과정", 『항도부산』(통권 제49호). 2025.